南山大学学術叢書

親鸞とキェルケゴールにおける「信心」と「信仰」

比較思想的考察

スザ ドミンゴス［著］

ミネルヴァ書房

There is hardly a word in the religious language, both theological and popular, which is subject to more misunderstandings, distortions and questionable definitions than the word "faith".

神学的な，また通俗的な宗教的用語の中で，おそらく，「信仰」という語ほど，誤解と曲解と怪しげな定義をされている語はほかにないであろう。

Paul Tillich, Introductory Remarks to *Dynamics of Faith,* (New York : Harper Torchbooks, 1957).（谷口美智雄訳）『信仰の本質と動態』（新教出版社，2000年），3頁。

It appears to me as though a religious belief could only be (something like) passionately committing oneself to a system of coordinates. Hence although it's belief, it is really a way of living, or a way of judging life. Passionately taking up this interpretation.

宗教の信仰とは，あるひとつの座標系を情熱的に受け入れる（ような）ことに過ぎないのではないか，と思われる。つまり信仰ではあるのだが，ひとつの生き方，生の判断の仕方なのである。情熱的にそういう捉え方をすることなのである。

Ludwig Wittgenstein, *Culture and Value,* (Oxford : Blackwell Publishers, 1998), 73.（丘沢静也訳）『反哲学的断章——文化と価値』（青土社，1999年），178頁。

親鸞とキェルケゴールにおける「信心」と「信仰」——比較思想的考察

目次

目　次

第二部　キェルケゴールにおける信仰

凡　例

親鸞著作の引用は、『定本親鸞聖人全集』（本書では『定本』と略す）による。書き下しは『真宗聖典』（東本願寺出版部、一九九五年）に基づいている。キェルケゴール著作全集からの引用は、『原典訳　キェルケゴール著作全集』（全十五巻、大谷長監修、創言社、一九八八年～二〇一一年）の日本語訳によって頁数が指摘されている。（*Kierkegaard's Writings*, 26 vols. Edited and translated by Howard V. Hong and Edna H. Hong. Princeton : Princeton University Press, 1978–2000）の著作全集の英訳決定版と照合し、（　）の中に英訳本の頁数を加えた。また、『日誌・遺稿集』の日本語訳は僅かしか存していないため、この著作からの引用の全ては（*Søren Kierkegaard's Journals and Papers*, 7 vols. Edited and translated by Howard V. Hong and Edna H. Hong. Bloomington : Indiana University Press, 1967–1978）の英訳によるものである。

以下の文献については次の略語を用いる。

BA　*The Book on Adler*. Edited and translated by Howard V. Hong and Edna H. Hong. Princeton : Princeton University Press, 1998.

CA　*The Concept of Anxiety*. Edited and translated by Reidar Thomte in Collaboration with Albert B. Anderson. Princeton : Princeton University Press, 1980.

COR　*The Corsair Affair*. Edited and translated by Howard V. Hong and Edna H. Hong. Princeton : Princeton University Press, 1982.

CUP　*Concluding Unscientific Postscript to Philosophical Fragments*. Vol. 1. Edited and translated by Howard V. Hong and Edna H. Hong. Princeton : Princeton University Press, 1992.

EO　*Either/Or*. Vol. 2. Edited and translated by Howard V. Hong and Edna H. Hong. Princeton : Princeton University Press, 1987.

EUD　*Eighteen Upbuilding Discourses*. Edited and translated by Howard V. Hong and Edna H. Hong. Princeton :

Princeton University Press, 1990.

FSE *For Self-Examination* in *For Self-Examination* and *Judge for Yourself!* Edited and translated by Howard V. Hong and Edna H. Hong. Princeton : Princeton University Press, 1990.

JC *Johannes Climacus or De Omnibus Dubitandum est* in *Philosophical Fragments and Johannes Climacus*. Edited and translated by Howard V. Hong and Edna H. Hong. Princeton : Princeton University Press, 1985.

JFY *Judge for Yourself!* in *For Self-Examination and Judge for Yourself!* Edited and translated by Howard V. Hong and Edna H. Hong. Princeton : Princeton University Press, 1990.

JP *Søren Kierkegaard's Journals and Papers*. 7 vols. Edited and translated by Howard V. Hong and Edna H. Hong. Bloomington : Indiana University Press, 1967-1978.

LD *Letters and Documents*. Translated by Henrik Rosenmeier. Princeton : Princeton University Press, 1978.

PC *Practice in Christianity*. Edited and translated by Howard V. Hong and Edna H. Hong. Princeton : Princeton University Press, 1991.

PF *Philosophical Fragments*. Edited and translated by Howard V. Hong and Edna H. Hong. Princeton : Princeton University Press, 1985.

PV *The Point of View*. Edited and translated by Howard V. Hong and Edna H. Hong. Princeton : Princeton University Press, 1998.

SLW *Stages on Life's Way*. Edited and translated by Howard V. Hong and Edna H. Hong. Princeton : Princeton University Press, 1988.

SUD *The Sickness Unto Death*. Edited and translated by Howard V. Hong and Edna H. Hong. Princeton : Princeton University Press, 1980.

TDIO *Three Discourses on Imagined Occasions*. Edited and translated by Howard V. Hong and Edna H. Hong. Princeton : Princeton University Press, 1993.

WA *Without Authority*. Edited and translated by Howard V. Hong and Edna H. Hong. Princeton : Princeton University Press, 1997.

WL　*Works of Love*. Edited and translated by Howard V. Hong and Edna H. Hong. Princeton : Princeton University Press, 1995.

序章 「信心」と「信仰」は共通の本質を有するか

信仰は通常の解釈では、諸宗教の根底に横たわる普遍的な現象と見做されている。しかし異なる宗教に応用し得る普遍的な信仰の概念があるのか。本書は、親鸞とキェルケゴールの思想の比較を通して浄土真宗における信心とキリスト教における信仰に通底する共通の本質「普遍的な信仰」を設定できるか否かを究明しようとするものである。これまでも親鸞の信心とキェルケゴールの信仰の比較について論じられた文献は幾つか公表されているが、その考察はまだ部分的であって、総合的な考察が不足しているという印象を禁じ得ない。即ち信心・信仰に深く関わる悪の自覚・罪意識、並びに歴史意識、倫理的実践などの問題を、(部分的にではなく) 総体として取り上げ、考察している文献はまだ見られない。本書はまさにこうした諸問題を取り上げ、信心と信仰という概念に関連させて、両概念の意義と独自性を解明しようとするものである。このことによって、これまでの宗教学や宗教哲学におけるものとは異なる視点から、信心または信仰を見つめることが出来るであろう。

第一節　普遍的な現象としての信仰

宗教多元主義を巡る現在の論争において中心となる論点の一つは、諸宗教に共通する本質があるかどうかという問いである。この問いに答えようとして、諸宗教間の対話や相互理解を可能にするため諸宗教に通底する何らかの共通点を前提する必要である、と主張する学者は少なくない。ウィルフレッド・カントウェル・スミスの見解は、このアプローチの典型と言える。彼によれば、宗教という言葉は、色々と矛盾する仕方で用いられてきたため否定的な意味を持っているので、廃棄されるべきである。「〈宗教〉という用語は混乱を招くもの、不必要なもの、歪められるものだ」(1)。彼は、それに代わる「信仰」と「累積的な伝統」という用語を提供した。累積的な伝統とは、神話、聖典と注解、聖堂、儀式、道徳律などの外的要素から形成された独自な宗教的伝統ということである。こうした伝統は静止的実体ではなく、常に生きている運動体である(2)。スミスは、それぞれの異なる累積的な伝統内においては普遍的人間現実としての信仰が認められ、そこに共通の根拠が見出されることができると主張する。彼によれば、信仰は多様な形態を持っているが、それは基本的に人間の本質的資質の一つであり、様々な信仰体系はその異なる表現に過ぎない。

信仰は人間の本質的な資質の一つである。本質的な資質であると言うこともできよう。信仰を持つことによって、人は真に人間的になるのだ。人の人たる所以は、超越的な次元と関係を持ち、それに応答しながら生きる能力・促進力が普遍的に備わっているということである[3]。

以上の引用が示すように、信仰は全ての宗教に通底する普遍的現象であり、異なる宗教や信念体系は、固有の特有性がない一般的信仰を様々に表現し対象化したものであると見做される。この前提の下で西洋の学者は、「信心」と「信仰」を普遍的事実が異なった現われ方であると見做す傾向があるが、逆に日本人の学者は、むしろこの二つの概念の相違性を強調しがちである。

第二節　信心と信仰の独自性

二〇世紀に入り一九八〇年代に、浄土真宗の聖典を英語に翻訳する際に「信心」をfaithと訳すことが適当かどうかということについて、西本願寺の真宗聖典翻訳シリーズの編集顧問であった上田義文と、二人のアメリカ人仏教学者ルイス・ゴメス、トマス・カスーリスとの間で、活発な論議が交わされたことがある。真宗聖典翻訳シリーズでは、「信心」をfaithと訳さずにshinjinとローマ字で表記する方針を採用したが、それは英語のfaithが真宗の「信心」に正確に対応しないので誤った解釈を招くおそれがあり、更に、英語の術語としての faith の意味が曖昧であるという理由からであった。しかし上田義文にとっては、faith の意味が曖昧だというのが主たる理由ではなかった。faith という訳語は真宗の「信心」の意味を伝えることができないのみならず、もしそれを用いるならば、それによって親鸞の思想の本質を伝える上で重大な障害が生じかねない、というのが上田の見解であった。信心と faith との違いについて、彼は次のように言う。「信心と faith の根本的な違いは faith の概念は神（創造主）と人間（被造物）という二元論に立脚するが、一方、信心は、仏と人間が一体となることであり、人間が仏となってゆくことである[4]」。

これに対してトマス・カスーリスとルイス・ゴメスは、幾つか許容できる英語の訳語があるのだから、「信心」という日本語を訳さずにローマ字表記で残す必要はないのではないか、と疑問を提出した。彼らも、真宗の教義の一神教的な性格をあまり強調すべきではない、という点には同意していた。しかし、真宗が「信の宗教」の一つであり、信心の信には信頼、信念、あるいは信仰（faith）という意味があることは否定しがたい事実である、というのである。[5] ルイス・ゴメスは以下のように述べている。

親鸞の意図した意味を出来る限り正確に伝えようという翻訳委員会の配慮には賛同できます。しかし、その結果とられた手続きが賢明であったかどうかという点については異議を唱えないわけにはいきません。（中略）真宗の教義が一般的なタイプとしての「信の宗教」に適合するということは、親鸞自身の教えの文脈から明らかです。どうして親鸞が信心（faith）を語る文脈の中で、「大いなる仏の功徳と慈悲に一体化する手だて」という親鸞の独自の信心（faith）の概念が次第に読者に明らかになるようにしないのでしょうか。[6]

ルイス・ゴメスのこの批判に答える中で、上田義文は次のような考えを強調している。

信心は「仏の功徳と慈悲に一体化する手だて」でもなければ、「人間を越えた力を信じる行為」でもありません。それは功徳と慈悲、力そのものなのです。言い換えれば信心という語が表しているのは根本的には阿弥陀の真実の心のことであり、人の心のあり方ではないのです。[7]

「信心」をfaithと訳すことが適当かどうかという論争に立ち入るつもりはないが、「信心」をfaithと区別し、それぞれの概念の独自性を保持しようとする上田義文の立場には賛同する。親鸞とキェルケゴールの思想を比較考察する本書においても、この二つの概念は区別される。私見によれば、「信心」と「信仰」は、一つの普遍的事実が異なった現われ方をしたものであり、単に形を変えたものとして捉えることは出来ない。

第三節　宗教経験と信念体系の言語

この二つの概念についての上田義文と二人のアメリカ人の学者の間に見られる意見の不一致の根底には、宗教に対する二つの異なったアプローチが横たわっていると思われる。そのアプローチの一つは、体験―表出モデルと呼ばれるアプローチである。[8] 宗教の体験―表出モデルでは、各宗教は超越者についての経験を様々に象徴したものであると見做される。つまり一つの共通する核心的経験が様々に表現され対象化されたものが、様々な宗教及び信念体系だと言うのだ。カントウェル・スミスと同様にジョン・ヒックの見解が、このアプローチの典型と言える。彼によれば、多様な諸宗教の間に共通する基本的経験は、同一の究極的実在あるいは実在者との出会いであり、諸々宗教的信念はどれも同一の究極的実在に対する人間の異なる応答であるということである。[9] ヒックのこの見解は、カント型の認識論に基づいたものである。カントは、何ものにも依存せず人間の知覚の外側に存在する本体的実在と、我々人間の意識に現われるような現象的物事との間を区別する。ヒックは、諸宗教に現われる神的実在を本体的領域に譬え、諸宗教の信念体系は、それが有神論的であろうと非有神論的であろうと、この本体的実在への人間の異なる現象的応答として見做され得ると主張する。[10] 即ち、有神論諸宗教においては、同一の究極的実在は人格的なものとして捉えられ、ヤハウェ、アッラー、イエス・キリストの父なる神などの名前を通して表現されるが、非有神論諸宗教においては、非人格的なものとして捉えられ、梵、涅槃、空などと表現される。究極的実在に対する体験の仕方はそれぞれ異なるが、共通の救済論的構造が諸宗教の中に見出される、とヒックは強調する。「どの偉大な宗教的伝統内においても、さまざまに異なるしかたで生じつつある救い・解放という総体的概念は、自我中心から実在中心への人間存在の変革ということである」(11)。

あらゆる宗教には共通する根拠ないし本質があることを強調する、以上のようなアプローチに対して、様々な反論を提示することができる。これらのアプローチは宗教間の多様性を擁護しているように見えるが、その多様性を地上の違いに過ぎないものであると見做し、諸々の宗教の中に見られる具体的な特質を無視して、各宗教の明確な特徴を抽象的統一性へと同質化してしまっている。異なる宗教は同一の究極的実在を指示していると主張されるが、それはどのように立証されるのか。究極的実在とその実在が様々に現われる多様な宗教とを正しく見渡すことができる特権的地点はどこにあるというのか。そうした中立的な観察は、不可能であろう。究極的実在が諸宗教から区別され、後者が前者の異なる表現であり応答であるということは証明され得ないからである。諸宗教が目指している対象は姿のない同一の究極的実在ではなく、歴史的に特徴付けられる固有性を持つ異なる実在である。例えばキリスト教はキリストを通して神を、浄土真宗は方便法身の阿弥陀仏を通して法性法身の涅槃界を目指している。従って、キリスト教と浄土真宗とは異なる教理的言説を通して同一の究極的実在を指しているのと主張するのは、立証不能な仮説に過ぎない。各宗教は、同じ問いに異なった答えを与えようとしているのではなく、異なった質問をしているのである。

信仰を諸宗教に共通する本質として見做す見解に関しては、次の問題点が生じてくる。まず信仰という概念を余りにも曖昧過ぎるものにしてしまう。即ち極めて広義の言葉でなければ、様々な宗教に共通する経験を表現できないために、現に存在する多様な宗教に当てはまるようにするためには、それらの信仰経験をごく一般的な言葉で定義しなければならなくなり、その結果、必然的に他と区別させるそれぞれの宗教の固有性は失われてしまう。更に、このような見解は、信念体系における宗教経験と言語との関係の捉え方にも問題がある。ある信念体系の言語は、単に特別な宗教経験を表現するだけではない。逆に言語が宗教経験を造り出し形を与える側面もあるのだ。宗教的であるということは、まず宗教的な経験をして、その後にそれを表現する言葉を習うということではない。むしろ、人はまずその言語を習得し、それが人間の最も深淵な感情や態度をも形作り生み出していくのだ[12]。それ故、様々な宗教に通底する「信仰」という経験があるという前提に基づいたアプローチには、大きな問題がある。宗教経験は常に、それぞれの信念体系に固有な言語を媒介として成り立っているからである。神秘体験にも各宗教に共通する本質を見出すことはできない。カッツは、次のように論じている。

純粋（無媒介）経験なるものは決してない。神秘体験にも、またより日常的な形式の経験にも、それが無媒介であることを示唆するものは全くないし、そう信ずべき理由も何一つない。即ちあらゆる経験は非常に複雑な認識の道筋を経て処理され、有機的に関係づけられて初めて我々の上に成立するのである。無媒介の経験という概念は、もし自己矛盾でないとしたら、空虚な概念である。（中略）この事実を正しく認識するならば次のことが認められよう。即ち神秘主義を正しく理解するためには、体験的出来事の後の神秘家の報告を検討することが問題なのではなく、体験そのものと、それを報告する形式とがともに、神秘家が体験に持ちこみ、従ってその体験を形づくる諸概念によって形成されているということを、承認することは肝要なのである[13]。

この引用から、神秘主義の多様性は、単にその体験の報告によってもたらされるのではなく、体験自体が異なっていることが分かる。あらゆる宗教経験は常に特定の信念体系によって先行規定されており、信念体系は、体験に対する先行的「形成力」を持つのである。従って、宗教体験は普遍的現実であり、どこでも共通の性格を持っているという考え方は、はっきり否定される。

以上概要した宗教の体験―表出モデルから生じてくる問題点は、宗教を文化的・言語的枠組みとして捉えるアプローチを用いることによって回避できる。このアプローチにおいては、諸宗教は、人類が潜在的に共有する普遍的経験が多様に表現されたものとは見做されない。宗教は言語と同じように、人間の経験を形成する文化的枠組みとして理解される。我々の経験は文化的・言語的な形式によって型取られ形作られているが、経験はその意味で、文化的・言語的な形式によって成立すると言うことができる。様々な宗教は、類似した経験を様々に表現しているのではない。むしろ、それぞれに異なった経験を形作り生み出しているのである。リンドベックは、宗教言語と経験との関係について次のように述べている。

宗教は、元来、真理や善についての一群の信念ではなく、(中略)また、基本的態度・感情・情緒を表出した象徴でもない(中略)。むしろ「宗教は現実を描写し、信念を系統的に説明し、心的態度・感情・情緒を体験するのを可能にする表現形式に似ている」と言ったほうがいい。文化や言語と同じく、宗教も、第一義的に個人の主観の表れであるというよりは、むしろその個人の主観を形成する共同体の現象なのである。宗教は、論証的かつ非論証的象徴の語彙、ならびに特徴的論理や文法からなる。その論理や文法があるからこそ、宗教の語彙は有意味に使用されうるのである。(14)

宗教経験は常に一定の宗教的コンテクストにおいて成立し、宗教言語は経験に先行する故に、経験は普遍的ではなく、宗教ごとに個別的である。即ち多様な諸宗教は、教理的言説において差が現われるだけでなく、経験そのものにおいて既に異なっている。しかし、どのようにして言語が生じたのか。

言語の起源を説明するのは不可能であるが、人間自身が言語を発明したと考えてはいけない[15]。何故なら、言語以前の状態は非人間的であり、人間の精神は言語とともに発生したからである。言語の習得は、「人間の存在に入って行くための飛躍である[16]」。言語以前の状態と言語の習得との関係は連続関係ではなく、非連続関係である。言語は幾分本来的に与えられ、幾分自由に展開するものである[17]。従って言語以前の純粋な経験は考え難い観念である。宗教を文化的・言語的枠組みとして捉えるアプローチにおいては宗教の外的特徴が重視されるが、実際には内的経験の側面と文化的言語的側面とは相互に作用し合い、両者の関係は一方的ではなく、弁証法的である[18]。

宗教へのこのアプローチにおいては、信念体系の主要な機能は宗教的生活形式を規制することであり、その役割は、言語における文法の役割と類似性を持つのである。ある国語の文法の諸規則を知っていることと、その国語を話す者であることとには違いがあるように、ある宗教の信念体系を知っていることと、その宗教の信者であることとには、違いがある。ある宗教の信念体系を学ぶには、ある国語の文法を学ぶ場合と同様、公的に認められている規則を学ぶ必要がある。しかしその国語の使用が堪能になるにつれて、次第に文法の規則は念頭から消えて、むしろ実践が、無意識の内に正しい話し方や書き方を支える規則と一致していることを示すようになる。文法は、こうした仕方で言語の実践のうちに埋め込まれていくのである。同様に、信仰者の生活も信仰を実践する中で信念体系と一致していることを示すようになる。信念体系は、こうした仕方で信仰者によって内面化され、宗教的実践のうちに埋め込まれて行くのである。信念体系の学習は、それ自身目的として解釈されるべきではなく、むしろ宗教的生活形式を促進する手段として解釈されるべきである。信仰者の主な目標は、宗教についての知識を獲得することでも、教理的言説についての知識を獲得することでもなく、むしろ宗教の信念体系の処方に従って宗教的となることなのである[19]。

宗教的生活形式を規制する宗教的信念体系は、客観的に確証できるような実在に言及するものではない。宗教的言説が実在に対して持っている対応関係は、宗教的言説が生活形式を形成するための方法として機能し、そもそもそうした生活形式それ自体が、神の実在性と対応しているのである。「もしキリスト教の物語を正当にもちいて形成された生活形式や世界理解が、実際に神の存在や意志と一致するのなら、そのとき、『キリストは主である』という言説の適切な使用は、体系内的にのみならず、存在論的にも真となる[20]」。例えば、キリストの復活を巡る聖書の物語が一体どのような実在を指しているのか、我々は本当のところわからない。この中核的教義の真理性を主張するための唯一の方法は、この教義に基づいて何かしら実践すること、言い換えれば、復活が現実に起こったのだと信じて、自ら情熱的に考え行為してみることなのである[21]。

ヴィトゲンシュタインはこれと同じ指摘をしており、自分自身をその信仰の内にしっかり理解している信仰者は、仮説、意見、知識あるいは確率といった言語を使用しない、と論じている[22]。信者の信念はむしろ一つの生活形式、つまり信者の生活が教理的言説によって規制されているその在り方に根ざしているのである。ヴィトゲンシュタインによれば、宗教的言説は特殊なイメージを描き出し、それを信者の心の中に思い浮かべさせるが、しかしこの宗教的言説の意味は、そのイメージを思い浮かべることにあるのではなく、信者がそれをどのように使用するかにある。例えば、最後の審判に関するキリスト教的信念は、将来に起こるかもしれない出来事を思い描くようなことにあるのではない。むしろ宗教的信念は、一つの像（picture）を心に抱いたりその使用技術を修めたりすることに似ている。信者にとって最後の審判という像は、常に前景となってその人の生活を規制するのである。

誰かが、最後の審判を信ずるということをこの人生の導きにしたとせよ。かれが何をするときでも、このことがかれの心の中にある。あるいみでは、かれはそのことが起ると信じているというべきか否かを、どのようにしてわれわれは知るか。かれに尋ねても充分ではない。かれはおそらく、証拠があるのだ、と言うであろう。だが、かれには諸君がゆるぎない信念と呼ぶであろうようなものがある。それは、推論とか、信念の日常的根拠に訴えることとかによってではなく、むしろ生活の一切を整序することによって示される(23)。

信じない者たちはそうした像の利用法を見出すことはなく、彼らの考え方も生き方も異なっている。信念体系は、その像が何であるかを私達に伝え、像を利用するための本来の技術について具体的に特定していると言うことができる。言い換えれば、信念体系が私達に伝えているのは、ある像が信者の態度や行為を支配する様々な仕方を具体的に特定することによって、その像が私達の生活をどのように規制するのかということなのである。「生活規則は像を着飾っている。そしてこうした像の務めは、私達が為すべきことを描写することだけであって、正当化することではない[24]」。こうして宗教的言説の意味は事実についての知識にあるのではなく、特定の生活形式を促進することにあるのであり、人をつかんで離さない情熱的態度を表わしている。ヴィトゲンシュタインによれば、まさにこの情熱的な態度をとるということが、宗教的信仰の意味である。「宗教の信仰とは、あるひとつの座標系を情熱的に受けいれる（ような）ことに過ぎないのではないか、と思われる。つまり信仰ではあるのだが、ひとつの生き方、生の判断の仕方なのである。情熱的にそういう捉え方をすることなのである[25]」。

宗教に関する文化的・言語的アプローチという立場から考えて見ると、宗教体験は、ある信念体系の言語ないし宗教共同体というコンテクストの中で生じるのである。その限りでは、あらゆる宗教体験は特定の信念体系に拘束されている。そして諸宗教は究極的実在について異なる信念体系を持つが故に、唯一的・客観的な実在が存在するのではなく、異なる実在がある、ということに導かれる。

我々は言語を哲学的に論じることで、実際には、何が世界に属するものとみなされるかを論じている。（中略）現実の領域に属するものについての我々の観念は、我々が使用する言語の内にすでに与えられている。我々がもつ諸概念が我々が世界についてもつ経験の形を決定するのである。

（中略）我々は諸々概念によって世界を考えているのであり、これらの概念の外へ出る途はない。（中略）世界とは、我々にとって、これらの概念を通して現われるものである。このことは我々のもつ諸概念が変化しないということを意味するわけではない。だが、それらが変化するなら、そのときは世界についての我々の概念もまた変ってしまっているのである。[26]

以上に述べた、宗教を文化的・言語的枠組みとして捉える宗教理論の視座から考えて見ると、信心と信仰は同一経験を様々に象徴したものとしてではなく、異なる経験を形成する宗教的言語の枠組みと見做される。本書は、まさにこの視点から、親鸞における信心とキェルケゴールにおける信仰の概念とを比較対照して論ずる。浄土真宗とキリスト教は、様々な視点から比較され、両者が数多くの類似性を持つことはよく知られている。[27] 特に信心と信仰との類似点が、しばしば指摘されてきた。しかし、根本的相違点があるのも事実である。信心と信仰は、それぞれの宗教的コンテクストの中で類似した働きを持ち、構造の上でも類似した特徴があると考えられるが、両者は根本的に異なった経験を指している。本質的に、親鸞の思想における信心は覚醒体験である。即ち、人間存在に満ち溢れる絶ちがたい煩悩を自覚すると同時に、阿弥陀仏の慈悲の誓願が成就していることを自覚することである。このような覚醒経験は、人間自身の力によって生ずるのではない。全て阿弥陀仏の力によって、信心が人の上に起こるのである。これと対照的に、キェルケゴールにおける信仰は、一度で獲得されるような覚醒経験ではない。それは決して終わることのない行為である。信仰者は絶えず自分の信仰を確かめ、保っていく過程にある。信仰は、本質的には神の恩寵の賜であるけれども、そこには人間の自由な決断が要求される。別の言い方をするなら、信仰とは、神とその神を信ずる人との人格的な関係である。このような「信心」と「信仰」との根本的な相違は、両概念に関連する悪の自覚・罪の意識、並びに歴史意識と倫理的実践の問題を検討することによって一層明らかになり、両概念の意義と独自性が解明されるに至るであろう。

さて、本書は二部に分かれ、それぞれ、親鸞とキェルケゴールにおける等価概念と類似する問題を取り上げる六つの章から構成されている。同様の観点から両思想家の概念が探究されている。両部の各章について概観してみよう。第一章は親鸞とキェルケゴールの思想の背景として両者の生の過程を概観し、彼らの思想に多大な影響力を及ぼし、生涯に亘って体験した苦悩や悪・罪意識などを特に力説する。時代や人生の歩みは異なるが、生涯のこれらの主要な経験からそれぞれの宗教伝統で信心及び信仰は新しく解釈される。

第二章では、両思想家の概念を取り上げるに先立って、仏教における信心とキリスト教における信仰の性格を究明する。仏教の伝統における信は基本的に智慧と結び付けられ、解脱に至るための第一歩である。浄土思想は智慧よりむしろ信を中心とするが、一般仏教と同様に、そこにおいても信は智慧と密接な関係にあり知性的性格を持つ概念である。逆に、キリスト教における信仰とは、神とその神を信ずる人との人格的関係であるから、知性や認識のみならず、意志、希望、愛の行為を包括するものである。悟りの心と一つとなる静寂的性格を持つ信心と異なって、信仰は神を絶対者として仰ぐ志向的な姿勢である。

第三章では、悪・罪の自覚と信心・信仰との関係を考察する。両者の思想において、悪の自覚・罪の意識、信心・信仰はそれぞれに不可分の関係にある。即ち、悪の自覚・罪の意識を媒介としてのみ、信心を獲得し、信仰を得ることが出来るのである。しかし内容に関しては、根本的な相違がある。親鸞の思想においては、悪が人間存在そのものであり、必然的に生ずるものであるが、キェルケゴールにおける信仰の場合は、人間存在そのものにおいて必然的に起こるものでもなく、自由意志によって生ずるものである。

第四章では、信心・信仰と歴史との関係を明らかにする。歴史的時間についての親鸞の基本的な立場は、信一念の決定にあると言える。阿弥陀仏の本願生起の過去は、同時に歴史的時間としての一切衆生の信心決定の時に現在となるという歴史観である。こうした見解は、キェルケゴールの信仰の解釈に類している。信仰の起点は過去の歴史的出来事にあるが、人間は歴史的知識だけを媒介にして信仰を獲得することは出来ない。結局のところ、歴史は信仰を獲得する機縁に過ぎないのである。

第五章では、信心と信仰は如何にして成立するのかを究明する。信心とは本質的に阿弥陀仏から回向されたものである。信心における阿弥陀仏の働きと人間の働きとは全く同一視されているのであり、人間の方から応答的な決断という側面は一切なく、そこにあるのは全く本願の働きである。しかも、その信心の性格は全く主体的覚醒体験である。キェルケゴールの場合、信仰は神の側から与えられた賜物であると同時に、神の呼びかけに対する人間の自由な応答である。神はどこまでも人格神であるから、信仰は目覚めの経験よりも、人格的に応答し合う経験である。

第六章では、信心または信仰を獲得した後に、如何なる倫理的実践を伴うのかを明らかにする。親鸞の思想における倫理的実践は、信心よりおのずから流出すると考えられる。信心において生ずる歓喜の心は、知らず知らずに道徳的な生き方となって現われる。その意味で、親鸞の思想においては原理的・当為的に規定された倫理は存在しないと言うことが出来る。それに対してキェルケゴールにおける倫理的実践は、単なる信仰から倫理へという自然流露ではない。信仰は模範としてのキリストと同時的に生きることなので、必然的に愛の実践に表れる。しかもその愛の実践は、「汝愛すべし」という義務の表現を取り、信仰の倫理は強く義務的・当為的性格を持つに至るとされる。

終章では、信心と信仰という概念とそれに関連する問題を比較対照した上で、それらの類似性と相違点を明確にすると共に、宗教間の相互理解や対話が、どのような根拠の上に立って成立するのかを考察する。宗教経験が一定の宗教的コンテクストにおいて成立し、特定の信念体系によって形作られる故に、経験は普遍的ではなく、宗教ごとに個別的である、というのが本書での基本的な立場である。従って信心と信仰という概念は、同一の普遍的な経験が異なった現われ方をしたものではなく、本質的に異なった宗教経験を指しているのである。これは信心と信仰には共有する本質が存在しないのみならず、それぞれの宗教的伝統の信念体系が通約不可能であることを示唆している。この場合は、比較宗教や宗教間対話は不可能になるのではないか。異なる宗教的伝統は究極的に通約不可能な枠組みを反映しているが、それは各宗教がそれぞれの枠組みに閉じこもっていることを伴わない。概念図式や生活形式などの通約不可能性を巡る現代思想における論争を踏まえ、人間の世界経験が言語的であり開かれているのであるから、本書においては宗教間でのコミュニケーションや対話は常に可能であることが明らかにされる。諸宗教間に通底する共通の本質や普遍的な基準が存在しなくとも、コミュニケーションと対話の実践そのものにおいて共有される共通のアプローチが見出され、諸宗教の相互理解に到達することが出来ると思われる。結局のところ、宗教間の相互理解や対話は、理論的に解明すべき困難ではなく、実践的な課題である。

〈注〉

（1）Wilfred C. Smith, *The Meaning and End of Religion* (New York : Harper & Row, 1978), 50.
（2）Ibid., 156-157.
（3）Wilfred C. Smith, *Faith and Belief* (Princeton : Princeton University Press, 1979), 129.
（4）Yoshifumi Ueda, "Response to Thomas P. Kasulis' Review of *Letters of Shinran*," *Philosophy East and West* 31 : 4 (October 1981) : 507. なお、信心の英訳の問題については、次の論文を参照。安富信哉「英訳『教行信証』の諸問

題」（『大谷大学真宗総合研究紀要』４号、一九八六年、所収）、一五八～一六四頁。

（５） Thomas Kasulis, review of *Letters of Shinran : A Translation of Mattōshō*, edited by Yoshifumi Ueda, *Philosophy East and West* 31 : 2 (April 1981): 247 ; Luis Gómez, "Shinran's Faith and the Sacred Name of Amida," *Monumenta Nipponica* 31 : 1 (Spring 1983): 82. 数年後 Takeda Ryusei もこの論議に関与し、「信心」を Faith と訳すことが適当であると主張した。"Shinran's View of Faith," *The Ryukokudaigaku Ronshu* (November 1989): 2-30. 最近、Hee-Sung Keel も上記の学者と同様に英語の Faith は「信心」の適当な訳語ではないという論拠に説得力が欠けていると主張する。*Understanding Shinran : A Dialogical Approach* (California : Asian Humanities Press, 1995), 82-83, n. 6.

（６） Gómez, "Shinran's Faith," 83.

（７） Yoshifumi Ueda, "Correspondence," *Monumenta Nipponica* 38 : 4 (Winter 1983): 416.

（８） ここで、Ｇ・Ａ・リンドベックが提唱した宗教の体験―表出モデルと文化―言語型アプローチという宗教理論を参考にしつつ、宗教経験と信念体験の言語との関係を考察する。George A. Lindbeck, *The Nature of Doctrine : Religion and Theology in a Postliberal Age* (Philadelphia : Westminster Press, 1984), 30-40.（星川啓慈・山梨有希子訳）『教理の本質――ポストリベラル時代の宗教と神学』ヨルダン社、二〇〇三年、五〇～七二頁を参照。

（９） John Hick, *An Interpretation of Religion* (London : Macmillan Press, 1989), 235-236.

（10） Ibid., 241-243.

（11） Ibid., 36.

（12） Lindbeck, *The Nature of Doctrine*, 33-35.『教理の本質』、五四～五八頁。

（13） Steven T. Katz, "Language, Epistemology, and Mysticism," in *Mysticism and Philosophical Analysis*, ed. Steven T. Katz (London : Sheldon Press, 1978): 26.

（14） Lindbeck, *The Nature of Doctrine*, 33.『教理の本質』、五四～五五頁。

（15） 言語の発明については、キェルケゴールが次のように述べている。「いかにして最初の人間が語ることを覚えたのかということが問題になると言おうとするなら、それは正しいが、（中略）人間をして自分で言語を発見させるというようなことは可能ではないことだけは、確かである」。『不安の概念』（大谷長訳『キェルケゴール著作全集』第3巻下、創言社、二〇一〇年）五〇六頁。

（16）Wilfrid Sellars, *Science, Perception and Reality* (London: Routledge & Kegan Paul, 1963), 6.

（17）JP3, 506. また次書を参照。Steven Shakespeare, *Kierkegaard, Language and the Reality of God* (Aldershot: Ashgate, 2001), 57-58.

（18）Lindbeck, *The Nature of Doctrine*, 33-34.『教理の本質』、五五〜五六頁。

（19）Ibid., 35; Paul L. Holmer, *The Grammar of Faith* (San Francisco: Harper & Row, 1978), 17-18.

（20）Lindbeck, *The Nature of Doctrine*, 65.『教理の本質』、一二一〜一二二頁。

（21）Ibid., 67. 同書、一二七頁。

（22）Ludwig Wittgenstein, *Lectures and Conversations on Aesthetics, Psycology & Religious Belief* (Oxford: Basil Blackwell, 1978), 57.（藤本隆志訳）「美学、心理学および宗教的信念についての講義と会話」（『ウィトゲンシュタイン全集』第10巻、大修館書店、一九七七年、所収）、一三二〜一三三頁。

（23）*Lectures and Conversations*, 53-54.『講義と会話』一二七頁。

（24）Ludwig Wittgenstein, *Culture and Value*, ed. G. H. von Wright (Oxford: Blackwell Publishers, 1998), 34e.（丘沢静也訳）『反哲学的断章——文化と価値』青土社、一九九九年、九一頁。和訳では原文の微妙なニュアンスが反映されていないので、原文にきわめて忠実な英訳から日本語に翻訳した。

（25）Ibid., 73. 同書、一七八頁。

（26）Peter Winch, *The Idea of a Social Science* (London: Routledge 1990), 15.（森川真規雄訳）『社会科学の理念』新曜社、一九六六年、一八〜一九頁。

（27）例えば、プロテスタント神学者K・バルトは、キリスト教と法然や親鸞の浄土教は非常に近いと指摘した。彼は次のように述べている。「次のことはまさに神の摂理によるものと言ってよいであろう。それはすなわち、わたしが見る限り、キリスト教に最も厳格に包括的に、明瞭に対応する「異教」的な平行事象、極東におけるひとつの宗教形態、がローマ的あるいはギリシャ的カトリック主義とではなく、ほかならぬキリスト教の宗教改革的形態と平行しており、それであるからキリスト教を、まさに徹頭徹尾恵みの宗教としてのその形態においてその真理性を問う問いの前に立たせているということである。12、13世紀に（中略）起った日本における二つの、関連し合っている仏教的形成物、すなわち浄土宗と浄土真宗がそれである」。『教会教義学』第1巻、第2分冊、新教出版社、一九七六年、二六一頁。なお、様々な観点から捉えられる比較研究は、次の著作と論文を参照。八木誠一『仏教とキリスト教の接点』法蔵館、一九七五年。峰島旭雄編著『浄土教とキリスト教』山喜房仏書林、一九七七年。南山宗教文化研究所編『浄土教とキリスト教』春秋社、一九九〇年。加藤智見『親鸞とルター——信仰の宗教的考察』早稲田大学出版部、一九八七年。Jan Van Bragt "Buddhism _ Jodo Shinshu _ Christianity : Does Jodo Shinshu form a bridge between Buddhism and Christianity ?" *Japanese Relgions* 18（1993）: 47-75 ; Fritz Buri "The Concept of Grace in Paul, Shinran, and Luther," *The Eastern Buddhist* 9（1976）: 21-42. 親鸞とキェルケゴールの研究についての批判的概観に関しては、次書を参照。Galen Amstutz, "Kierkegaard and Shinran and the Question of Comparativism."（安富信哉博士古稀記念論集刊行会編『仏教的伝統と人間の生——親鸞思想研究への視座』法蔵館、二〇一四年、所収）、一七五～二〇七頁。

第一部　親鸞における信心

第一章　親鸞の生涯と思想

一般的に宗教思想家は誰でも、その生涯において体験した事件から、思想の形成に決定的影響を受けているように思われる。親鸞の場合も、同様ではなかろうか。従って、彼の思想における信心という概念を究明するに先だって、まずその生涯の重要な事件について考察してみる必要がある。

親鸞の生涯に関する史料としては、第一に彼自身やその周囲の人々が書いたものを挙げなければならないが、これはそれほど多くない。他には教団が親鸞の生涯を讃仰して編纂した『御伝鈔』という史料もある。ところが、教団に伝えられてきた親鸞の生涯や体験を客観的・実証的に検討しようとすると、多くの細かい問題が生じて、研究者の意見の一致しない問題点も多く、親鸞の生涯の重要な事件については様々の説がある。しかし、ここではそうした個々の問題には立ち入らず、一般的に確認されている事実だけを取り上げて、考察してみたい。

親鸞が生まれた月日については、正確なことは判明しないが、一一七三年の生まれであることは確かである。親鸞は藤原氏の流れをくむ日野家有範の長子として生まれた。父の有範は皇太后宮大進という官職で、これは皇太后や皇后などに仕える人たちの内、位としてはそれほど高くない従五位程度であり、当時の貴族社会ではざらにある地位であった。父の有範には、範綱と宗業という兄があった。彼らの父は経尹といって従五位下、阿波権守であったが、「放埓の人なり」と言われている。どのような道楽者であったか明らかではないが、とにかくこの父の不品行が、その子である宗業や有範の出世を遅らせた、とされているほどである。[1]親鸞の日野家は文章博士で、儒学をもって朝廷に仕えてきたものであった。その中には、優れた歌人もいた。親鸞にはこのような文章博士・儒者・歌人の血と共に、祖父経尹のような道楽者の血も交じっていた。公家とは言っても、当時ざらにあった貧乏公家であり、公家社会では階層的に「凡卑」として軽蔑されていた部類に属していた。親鸞は、このような下級公家の血をうけて生まれた。[2]

有範も二人の兄も、隠棲出家した。しかし有範は、三人兄弟の中では早くから出家隠棲した。なぜ出家隠棲したのかという問題については、幾つかの理由が推測されている。父の経尹が道楽者であったため、在官が妨げられて隠棲した。或いは、父経尹の道楽者の血を受けた有範も生来怠け者で、社交的能力が乏しかったので、早くから世を逃れていた。または、有範には生来厭世的性格が強く、早くから隠棲したかもしれない等々。妻の死に会い、無常感におそわれたのが、彼の出家隠棲の動機となったのではないか、という理由も考えられている。当時、妻の死が夫の引退出家を促したのは、珍しいことではなかった。[3]

親鸞は、父有範が早くから出家隠棲したため、幼い時から伯父に養育されたとも考えられる。伯父の範綱から文学を、宗業から儒教を学んだようである。宗業は、当時文章儒学に秀でた人の名声があり、気性の激しい人のようであった。その宗業から儒教的教養と倫理とをしっかりと身に付けてもらったに違いない。親鸞の『教行信証』には、仏典以外の文献からの引用があるのも、この時期に受けた教育に無縁ではないと思われる[4]。

第一節　出家と求道

親鸞は一一八一年の春に出家し、青蓮院の慈円の門に入って一二〇一年まで二〇年間比叡山で研学、修行した。親鸞が何故出家したかという問題に関しては、明確には知られていない。当時の仏僧の仏門に入った年齢を見ると、大体九歳から十三歳ぐらいまでの間となっている。仏門に入った年と出家受戒の年とは必ずしも一致しないが、親鸞の九歳の出家は、大体当時の人たちの出家年齢と同じと言ってもいい。明恵と法然も、九歳の時に仏門に入った[5]。

親鸞が出家した一一八一年とその翌年は、二年連続して以前には例を見ないほどの悲惨な飢饉が起きた。その状況は、『方丈記』に詳しく描かれている。この飢饉は、単に京都だけではなく、全国的なものであった。一一八二年の四月・五月だけで、京都の死人は四万二千三百以上に達したという。

人々は地と家を捨てて、食を求めた。最愛の妻、最愛の夫を持っている者は、まず先に死んだ。それは、せっかく得た食物を、まずその最愛の人に与えたからである。そこで、親子では親が先に死んでいた。しかし、自分が生きるために、親が子を殺す、子が親を殺すという例もあった。これが、親鸞の生きた時代であった。(6)

親鸞が九歳で出家し、二十九歳で法然の専修念仏に帰依し回心するまでの二〇年間は比叡山において過ごしたが、この長い二〇年間を、親鸞がどのようにして過ごしたのかは不明である。史実で明らかなことは、親鸞の妻恵信尼の書簡にあるように、親鸞が比叡山にいた時、堂僧を務めていたことである。堂僧とは、常行三昧堂に仕える不断念仏僧で、地位も低いものであった。この不断念仏とは、普通三日ないし七日の間、道場内の仏像の周囲を歩き巡って、阿弥陀仏の名を念じ唱えることである。そうすると、十方から諸仏が行者の前に立ち現れるのを見ることができる、と言われていた。(7) 更に不断念仏を行ずる者は、三昧の境地に入ることができる。三昧とは心を一つの対象に集中して散り乱さぬ状態であって、心がこの状態に達した時、正しい智慧が起こって真理を悟ることができると考えられていた。親鸞が比叡山にいた間、堂僧としてそのような生活を送り、悟りの道を求めて真剣に努力したことは、恵信尼の書簡から明らかになった。(8)

第二節　親鸞の苦悩

しかし比叡山での二〇年の修学修行は、親鸞の疑問や悩みをどうにも解決してくれず、こうして如何に学問や修行に励んでも、人間の根本問題の解決にはならないことを知らされた。そこでその解決を求めて比叡山から降り、六角堂に百日籠り、告命によって法然を訪ね、解決を得ることができたのであった。恵信尼は、末娘覚信尼あての手紙で、親鸞の回心について次のように記している。

山を出でて、六角堂に百日こもらせ給いて、後世を祈らせ給いけるに、九十五日のあか月、聖徳太子の文をむすびて、示現にあずからせ給いて候いければ、やがてそのあか月、出でさせ給いて、後世の助かんずる縁にあいまいらせんと、たずねまいらせて、法然上人にあいまいらせて、又、六角堂に百日こもらせ給いて候いけるように、又、百か日、降るにも照るにも、いかなる大事にも、参りてありしに、ただ、後世の事は、善き人にも悪しきにも、同じように、生死出ずべきみちをば、ただ一筋に仰せられ候いしをうけ給わりさだめて候いしかば、上人のわたらせ給わんところには、人はいかにも申せ、たとい悪道にわたらせ給うべしと申すとも、世々生々にも迷いければこそありけめ、とまで思いまいらする身なればと、ようように人の申し候いし時も仰せ候い

しなり。(9)

親鸞は六角堂に百日の参籠に入り、参籠して九五日目のあかつきに、聖徳太子のご示現にあずかり、法然を訪ねた。こうして回心するに至ったというのである。この回心は、親鸞が二九歳の時であった。六角堂及びその本尊・救世観音大菩薩は、当時聖徳太子の創設、安置と伝えられ、朝野の尊信を集めていた。親鸞も六角堂及びその本尊が、聖徳太子の創設、安置と信じていた。それで六角堂に百日参籠し、大事の解決を求めたのだと思われる。(10)

では、その太子の示現はどのような内容であったのか。恵信尼は前述の文に添えて、その示現を書き記し、末女覚信尼に送ったと述べられているが、その示現の文は現在まだ発見されていない。この示現については、色々と推察されているが、それらは二説に大別できる。一つは、「行者宿報にて設ひ女犯すとも、我れ玉女の身と成りて犯せられむ。一生の間、能く荘厳して臨終に引導して極楽に生ぜしめむ(11)」という親鸞の述懐に注目して、「行者宿報設女犯」という「親鸞夢記」の偈を指すというものである。他は、「我が身は世を救る観世音なり定慧契女は大勢至なり我が身を生育せる大悲の母は西方教主弥陀尊なりと末世の諸々の衆生を度むが為に父母所生の血肉の身を勝地たる此の廟窟に遺し留て三骨一廟にするは三尊の位なり(12)」という言葉に注目して、いわゆる「廟窟偈」を指すという見解である。前者は、比較的有力な説である。(13)前者が引用する偈を現代文に訳すと、「仏道に入って修行しているものが前世に作った宿因の報いとして妻帯することがある時は、自分が玉女の身と成って妻となり、一生の間よくその身を飾り、臨終には引き導き極楽に生まれさせる」との意味である。親鸞がこの偈を授けられて感銘したことから考えると、当時の親鸞の悩みは性欲を中心とするものであったことは否定できないであろう。(14) 性の問題は、「親鸞の思想信仰の原点」であるとも言うことができるであろう。(15) しかし、愛欲の悩みにさいなまれたのは親鸞だけではなかった。当時の僧侶は、全てこの悩みを味わったのである。その大半は、妻帯することによって悩みを解決した。妻帯を隠そうとする僧侶も少なくなった。(16) この問題について、赤松俊秀は次のように述べている。

昔から性の問題ほど仏道の修行者を悩ましたものはないであろう。仏教の修行者でも出家しないものは正常な夫婦関係を行なうことを認められ、それ以外のみだらな性行為が禁止されるだけであるが、出家の修行者は一切の性行為が禁止され、独身の生活を送らなければならない。この禁を犯した僧尼は教団外に排斥されると、律で厳重に定められている。執著を去り心の安らぎを得て、はじめて正しい知恵に達することができる。それには所有欲を立ち切るといっしょに愛欲に打ち勝たなければならない。物心のつかない幼い時に出家したものがようやく成人して、経典を学んで出家の意識を知り棄欲に徹しようとして持戒に励みかけたところに青年期がやってくる。当然の事実として愛欲の思いが高まって、道を求める真剣な心をさいなんでやまない。ことに常行三昧堂僧はよく招かれて遺族の邸に行って不断念仏を行なうことが多かっただけに、女性の活躍する俗世間に接する機会が多かった。青年期に達した親鸞が常行三昧堂の堂僧として、戒行を守り三昧に入って阿弥の仏身・浄土を観想する境地に至りたいと願えば願うほど、その心のうちには破戒してもと思う欲が強まり、ともすれば心の安らぎが失われ、観想どころか一心不乱の念仏さえできない。二十九歳の親鸞は苦悩のあげく比叡山を下って六角堂にこもって祈念せざるをえなかった(17)。

親鸞が比叡山を下りた主な理由は、性的な欲望についての悩みを中心とするものであったと推測できるが、他の理由も考えられる。即ち、山門内外の抗争や、念仏三昧といった宗教的境地の成じ難いこと、真の指導者に巡り会えぬことなどは重要な原因であったと言えるであろう。そうした諸問題が一挙に親鸞を襲い、それを解決する道を見出そうと六角堂に籠ったのである(18)。

第三節　法然との出会い

聖徳太子の示現を受けた親鸞は、六角堂を去って法然を訪ねることになった。法然と親鸞の年齢差は四〇歳であった。親鸞が二九歳で法然の念仏門に入った時、法然は既に六九歳であった。この頃、法然の門下には既に多くの弟子たちが集っており、教団の勢力が最高潮に達していた。ここでは、年齢、身分などといった一切の俗的差別はなかった。互いに拝みあって、互いに自分の意見や体験を吐露し、交わりを結ぶ共同体であった。この環境の中で、新参として親鸞は、法然の教義の深奥を見極めようとして猛烈に勉学に励んでいたであろう。こうして、親鸞は法然の門に入ってから僅か四年の後、法然から『選択集』の書写を許された。更にその本に「釈綽空」の名を書いてもらい、また法然の真影図画を許された。(19) 親鸞は、そのことを次のように記している。

しかるに愚禿釈の鸞、建仁辛の酉の暦、雑行を棄てて本願に帰す。元久乙の丑の歳、恩恕を蒙りて『選択』を書しき。同じ年の初夏中旬第四日に、「選択本願念仏集」の内題の字、ならびに「南無阿弥陀仏　往生之業　念仏為本」と、「釈の綽空」の字と、空（源空）の真筆をもって、これを書かしめたまいき。同じき日、空の真影申し預かりて、図画し奉る。(20)

法然の教えは、当時の一般の人々だけにではなく、貴族や武士や僧侶に至るまで、大きな影響を与えた。しかしその教えには、天台や真言や南部六宗という伝統ある仏教各教団の考え方とは一致し難いところがあった。従来は善根功徳を積んで悟りの道を開くために、捨家棄欲して修行しなければならなかった。しかし、法然はそういうことをしなくても、阿弥陀仏の本願によって称名念仏すれば、いかなる人も救われると主張した。これは、当時の仏教界には大きな衝撃を与える教えであった。しかも法然の教団では、外部の攻撃を誘起するような問題が発生していた。即ち、弟子たちは当初から一念・多念の両派に分かれて、次第に相互の対立を深めていた。浄土往生には一念で十分であるとする立場は一念義と言い、多念を唱えるべきであるとする立場は多念義という。法然の教団が弾圧によって壊滅に近い状態になった一つの原因は、内部にこのような見解の相違に基づく対立があったからである。[21]そこで、一二〇五年二月、法然及び弟子たちが処罰され、念仏禁止される『興福寺奏状』という宣旨が朝廷に出された。親鸞はこの念仏禁止について、次のように述べている。

竊かに以みれば、聖道の諸教は行証久しく廃れ、浄土の真宗は証道いま盛なり。しかるに諸寺の釈門、教に昏くして真仮の門戸を知らず、洛都の儒林、行に迷うて邪正の道路を弁うることなし。ここをもて興福寺の学徒、太上天皇諱尊成、今上諱為仁聖暦・承元丁の卯の歳、仲春上旬の候に奏達す。主上臣下、法に背き義に違し、忿を成し怨みを結ぶ。これに因って、真宗興隆の大祖源空法師、ならびに門徒数輩、罪科を考えず、猥りがわしく死罪に坐す。あるいは僧儀を改めて姓名を賜うて、遠流に処す。予はその一なり。しかればすでに僧にあらず俗にあらず、このゆへに「禿」の字をもて姓とす。空師ならびに弟子等、諸方の辺州に坐して五年の居諸を経たりき。[22]

この『興福寺奏状』は、戒律に厳しく優れた法相の学者であった笠置寺の貞慶が執筆したが、単に興福寺だけが出したものではなく、八宗同心の訴訟だった。当時の日本仏教界には八つの宗派しかなかった。そこで、この『興福寺奏状』は全日本仏教界挙げてのものであった。この奏状は法然の専修念仏の過失を九項にまとめているが、あまりにも長文なので、「鎌倉旧仏教」の叙述に従って、その要旨だけを挙げることにする。

第一の失は、法然の念仏には明確な相承もなく、また勅許によらずに専修念仏という新宗を建てたことである。第二の失は、摂取不捨曼荼羅などというものを作り、阿弥陀仏の救済の光明が専修念仏者だけを照らし、念仏者以外の他の行者には照らないこと。第三の失は、専修念仏者が阿弥陀仏以外の余仏を拝せず、余号を称しないこと。これは釈迦を軽んじていることである。第四の失は、専修念仏以外の他の経典を読誦することは地獄に落ちる業であるとし、起塔造像などの善行を雑行として軽蔑すること。これは正法を誹謗することである。第五の失は、専修念仏者は霊・鬼の区別なく神明を礼拝しないこと。第六の失は、専修念仏者が一切の善行を諸行として否定して、ひとえに仏力を頼んで自分の分際を思わず、浄土について誤った考えを抱いていること。第七の失は、念仏を誤ること。念仏にも口称・心念の別があり、更に心念にも繋念・観念の差があるが、口称念仏は心念念仏より劣っているとされていること。それ故に、専修念仏者は念仏の本来の意味について誤っていること。第八の失は、女犯肉食などは今まで僧侶に禁じられているのに、専修念仏者が破戒を主としていること。第九の失は、国土を乱すこと。仏法と王法との関係は、あたかも身体と精神のようなものである。専修念仏者は他宗を嫌い、法会に同座しない。それで、専修念仏者が隆盛になれば、八宗だけでなく、国土も滅びてしまうだろう[23]。

『興福寺奏状』は、伝統的仏教理解の立場からの専修念仏教団への疑問の提起であり、浄土門の立場の核心に迫っている。それ故、ここで提起された問題と対決するには、浄土教的思索を深めなければならないであろう。そして浄土教の真理性を主張するために、仏教についての新たな根本的理解を示さねばならないであろう。これこそ、親鸞が後に『教行信証』を撰述するに至った大きな動機であったと言うことができる[24]。

第四節　結婚と越後での布教

一二〇七年二月、法然は四国へ、親鸞は越後へ流罪となった。この時親鸞は三五歳であった。従って、師法然の門下にあった時期は、僅か六年間でしかなかった。親鸞の越後滞在中の活動については史料が乏しくて、具体的事実は一つも判明しない[25]。流罪は四年余りで赦免となったが、親鸞は直ちに京都に戻ろうとはせず、そのまま越後に滞在した。京都に戻らなかった理由として、次の点が考えられる。まず、師の法然が赦免後まもなく亡くなったことである。そして信蓮房が生まれて間もないという、個人的な理由もあったであろう[26]。越後で親鸞が家族を持っていたことは明らかであるが、いつ結婚したかについては諸説がある。松野純孝は、親鸞が越後で遅くとも三八歳で彼より九歳年下である恵信尼と結婚したと推測している。彼はその理由について、親鸞が六角堂で妻帯生活是認の夢告を得たことと、弾圧で越後に流されるにあたり、僧儀を改めて還俗させられたことを指摘している。[27]それに対して赤松俊秀は、親鸞が京都で結婚したという見解を、次のように述べている。「恵信尼書状の発見以来、親鸞と恵信尼の結婚は越後国で行なわれたと一般にいわれているが、（中略）子女の点に難点があり、越後国で結婚したとは考えられないものがある。親鸞と恵信尼は元久（一二〇五）年京都で結婚したと考えるのが最も自然な解釈である。[28]」

流罪赦免後も二年間余り越後で過ごした親鸞は、一二一四年に、妻や子を伴って常陸に向って出発した。その途中上野国佐貫で、人々の幸福を願って浄土三部経の千部読誦を始めたようである。しかし中途で、念仏者にとって称名以外に為すべきことはなく、念仏一つで救われる喜びを一人でも多くに伝えることが念仏者の務めであり、また人々と真の幸福を分かち合えるのだと思い直して、千部読誦の行を中止して布教活動を開始した。このことを明らかにするのは、恵信尼の消息五の次の文である。

この十七八年がそのかみ、げにげにしく『三部経』を千部読みて、衆生利益のためにとて、読みはじめてありしを、これは何事ぞ、自信教人信、難中転更難とて、身ずから信じ、人をおしえて信ぜしむる事、まことの仏恩を報いたてまつるものと信じながら、名号の他には、何事の不足にて、必ず経を読まんとするやと、思いかえして、読まざりしことの、さればなおも少し残るところのありけるや。人の執心、自力の心は、よくよく思慮あるべしと思いなして後は、経読むことは止まりぬ。（中略）『三部経』、げにげにしく、千部読まんと候いし事は、信蓮房の四の年、武蔵の国やらん、上野の国やらん、佐貫と申す所にて、読みはじめて、四五日ばかりありて、思いかえして、読ませ給わで、常陸へはおわしまして候いしなり。(29)

恵信尼の消息の中の「自信教人信、難中転更難」という言句が示しているように、二〇年間に亘って常陸国稲田に定住した親鸞は、関東各地で精力的な布教に従った。この布教伝道は、関東における真宗教団の基礎を作ることになった。この頃、親鸞はまた『教行信証』の撰述に力を傾けている。既に法然門下にあった頃から、経典の研究を始めていたと考えられるが、東国で経論釈の研究を積極的に進めていた。親鸞が何故越後から東国に移ったのかは明瞭でない。この点についても、次のような諸説がある。（一）妻恵信尼が出た三善氏の一族が関東の常陸に住んでいて、それを手掛かりとして宗教活動を行おうとした。（二）当時越後の農民が関東に移住したので、親鸞も家族共に彼らに従って移動した。（三）『教行信証』の著述が、親鸞の常陸・稲田移住の主な目的であった。(30)

一二三四年六二歳の頃、親鸞は京都に戻った。当時京都では念仏者が弾圧され、親鸞にとっても危険な状況で、関東におけるような積極的布教を行うことはできないため、主として著述を通じて伝道に努めた。ここで執筆中の『教行信証』の完成に没頭した。その他にも『教行信証』の要約のような『浄土文類聚鈔』、聖覚が書いた『唯信鈔』についての解釈である『唯信鈔文意』、隆寛律師の『一念多念分別事』を解釈した『一念多念文意』、五百首にのぼる和讃、更に門弟の疑問に答える書状など多くのものを著作した。これらを通じて、親鸞の思想は深められた。中でも関東における念仏集団の思想的混乱、これに触発された子息の善鸞の異義事件を契機に、親鸞の思想は一段と純化された。ある学者は、それは自らのはからい心を捨て去って、阿弥陀仏の救済にゆだねた自然の念仏に生きる、いわゆる「自然法爾」の心境にまで達していると考えている。[31] 親鸞はこうして、一二六二年一一月二八日九〇歳の人生を終えた。

〈注〉

（1）松野純孝『親鸞――その行動と思想』評論社、一九七一年、一二三～一二四頁。
（2）同書、二六頁。
（3）同書、三五頁。
（4）同書、三六頁。
（5）同書、三七頁。
（6）同書、四五～四六頁。なお、赤松俊秀『親鸞』吉川弘文館、一九七二年、一二五～一二六頁。
（7）松野純孝『親鸞――その行動と思想』、五二頁。
（8）赤松俊秀『親鸞』、三四頁。

(9)『恵信尼書簡』(『定本』第3巻、法蔵館、一九七七年)、一八七〜一八八頁。
(10)松野純孝『親鸞――その行動と思想』、六八頁。
(11)『親鸞夢記』(『定本』第4巻、法蔵館、一九八四年)、二〇一〜二〇二頁。
(12)『三骨一廟』(『定本』第6巻、法蔵館、一九八六年)、二一三頁。
(13)松野純孝『親鸞――その生涯と思想の展開過程』三省堂、一九七六年、四二〜四三頁。なお、赤松俊秀『親鸞』、五九頁。
(14)赤松俊秀『親鸞』、五九頁。
(15)松野純孝『親鸞――その行動と思想』、八八頁。
(16)赤松俊秀『親鸞』六二頁。なお、松野純孝『親鸞――その行動と思想』、八八〜八九頁。
(17)赤松俊秀『親鸞』、六〇〜六一頁。
(18)石田慶和『親鸞の思想』法蔵館、一九八一年、一九頁。
(19)赤松俊秀『親鸞』、七一頁。なお、松野純孝『親鸞――その行動と思想』、一三四〜一三五頁。
(20)『教行信証』(『定本』第1巻、法蔵館、一九七七年)、三八一頁。
(21)赤松俊秀『親鸞』、九三〜九四頁。
(22)『教行信証』(『定本』第1巻)、三八〇〜三八一頁。
(23)(鎌田茂雄、田中久夫校注)『鎌倉旧仏教』(『日本思想大系15』岩波書店、一九七一年)、三一二〜三一三頁。なお、赤松俊秀『親鸞』、一〇八〜一〇九頁。松野純孝『親鸞――その行動と思想』、一四〇〜一四一頁。
(24)石田慶和『親鸞の思想』、二五〜二六頁。
(25)赤松俊秀『親鸞』、一二九頁。
(26)同書、一三三頁。
(27)松野純孝『親鸞――その行動と思想』、一八四頁。なお『親鸞――その生涯と思想の展開過程』、一六二頁。
(28)赤松俊秀『親鸞』、七五〜七八頁。
(29)『恵信尼書簡』(『定本』第3巻)、一九五〜一九六頁。

(30) 武内義範、石田慶和『浄土仏教の思想——親鸞』第9巻、講談社、一九九一年、三九頁。なお、赤松俊秀『親鸞』、一五四頁。

(31) 赤松俊秀『親鸞』、三二〇〜三二一頁。

第二章　信心という概念

第一節　信心と智慧――その即一的関係

智慧と戒行を重んじていた初期の仏教においては、何かを信じるということは重視されなかった。ところが、仏教が発展するにつれて「信」が次第に強調され、やや発達した時期において、場合により知見と戒行との他に「信」を修すべしということが説かれるようになった。中村元は、その経過について次のように述べている。

初期の仏教においては自分の力によって修行することを教えていたのであるが、しかし、自分の力によるということをどのようなしかたで実践したらよいのであろうか。それは指導者の教示によらねばならない。そこで信徒の間では、指導者に対する信頼、師に対する信仰の問題が起こっ

てきた。(1)

更に、「信」は智慧（解脱）と結び付けられ、仏道の門に入るための不可欠な第一歩とされた。(2)「仏法の大海には信を能入となし、智を能度となす。如是の義は即ち是れ信なり。若し人、中心に信清浄なるものあらば、是の人は能く仏法に入る。若し信なければ是の人は仏法に入ること能はず」(3)。信はしばしば比喩をもって説かれる。「人は信によって激流を渡り、不放逸によって海を渡る。精進によって苦しみを超え、慧によって浄らかとなる」(4)。激流とは人間が存在するこの苦悩の世界を指すのであり、激流を渡るとは仏道に従うことの喩えである。信によって人は激流の中に踏み入るので、信は仏道に入るための不可欠な第一歩とされる。

これらの詩句では、信は智慧と並べて説かれているが、原始仏教における信は、あくまでも智慧、解脱に至る過程に過ぎない。原始仏教において出家と在家との代表的な実践徳目は、ほとんど全て信に始まって智慧に終わるという過程にある。信の立場は智慧の立場より劣ることが明らかに示されるが、信は智慧と密接な関係にある。(5)信が智慧に向かい、智慧に相即して、解脱を期待する境地である。信は慧より劣る位置に置かれていることは疑われないが、しかしこのことは信と慧とが断絶的なものであるという意味ではない。信は実践体系においては、ほとんど例外なく慧と関係づけられ、慧（解脱）を指向しているものであった。信から慧に至る過程は、時に縁起的条件関係によって示されるように、むしろ積極的な関係にある。それはちょうど「知らんがためにわれ信ず」（credo ut intelligam）という信仰形態を示すものと言ってよいのである。(6)

信は根本的に仏法に入る不可欠の第一歩であるが、信が単に法を対象とする対象的信に止まるのではなく、法がそこに既に現われている主体的な信である。即ち信は主体の上における法の現成に外ならない。

真の意味において法を信ずるということは、我々のいわゆる「自己」が法を信ずるということではなく、（中略）一切の自己中心的自己が否定し去られたところに「法」自身が自らを開示すること〔である〕。(7)

信は本来、三宝を対象としてこの上に樹立している。即ち信は釈尊とその教法と僧団に対する帰依である。仏への帰依は、歴史上の釈尊に対する同じ仕方で、様々な仏の顕現を信奉することである。釈尊滅後の仏教団には、出家者仏弟子たちによる教法の伝承、経典奉持の流れと、在家信者達による舎利の伝承、仏塔崇拝の流れが生まれてきたわけであるが、前者が教法中心の仏教理解であるのに対して、後者は人格中心の仏教把捉であったとも言い得るであろう。そして後に、部派仏教を批判しつつ生まれてきた新しい仏教運動としての大乗仏教は、この在家信者を中心とする仏塔崇拝の集団を基盤として芽生え、成立していったとも言われている。[8] 阿弥陀仏の信思想は、この仏塔信の思潮の中から生成発達したものであろうと考えられている。即ち在家信者たちが釈尊の舎利を奉安した仏塔に対して帰依を捧げ、それを通して釈尊への思慕を深めていったところから、次第に釈尊の理想化、超人化が進められ、更には新しく発生してきた菩薩思想を媒介とすることにより、阿弥陀仏の信思想が芽生え、発展して行ったものであろうと言うのである。[9] この阿弥陀仏の信思想は浄土教において極めて重要な位置を占めることになった。

第二節　信心の知解的な性格

浄土教における信思想に言及する経論は数多いが、それについて最も鮮明かつ組織的に述べているのは、『無量寿経』である。無量寿経には、現在のところ五種の漢訳本と、サンスクリット本及びチベット訳本を合わせて七種の異本がある。経典のサンスクリット本によると、信を意味する語としては śraddhā, prāsada, adhimukti の三種を見ることができる。これらの中、最も一般的に用いられたものは śraddhā で、それはインドにおいては『リグ・ヴェーダ』以来「信」を表す語として、一般に広く用いられている。Śraddhā とは、語源的には「信を置く」ことを意味し、信、信解、敬信、信受、信心などと漢訳されている。[10] またこの śraddhā は、仏陀の智慧、その教説などに対する信を意味し、浄土に往生を得るための根本として、極めて重要な意味を持つものである[11]。Śraddhā の用例を眺めてみると、サンスクリット本には次のような詩句がある。

信をもって勝者（たる仏）のことばを明らかに知る彼らには、それよりなお多くの徳が生じるであろう。実に、信は世（の人々のさとり）にいたるための根本である。それゆえに、（仏のことばを）聞いて疑惑を除くべきである[12]。

ここで注目すべき点は、信が浄土に往生するための根本であるとされていることである。またそこで信が疑惑と対置して説かれている点も、注目に値する。この文に相当するものは、諸異本の中ではチベット訳にしか存在しない。これは『無量寿経』がやや発展した段階に成立したので、原始浄土思想期のものと見ることはできない[13]。

次に、prasāda は、語源的には「鎮める、浄化する、喜悦する」ことを意味し、それが cittaprasāda、或いは prasannacitta という風に合成されると、心が穏やかに澄んで清浄となり深い喜びが感じられる心境を表す意味になる。それでこの prasāda は、漢訳では清浄、澄浄、浄心、心清浄などと訳されるのである。この語には元来、信の意味は含まれていないが、浄土経典においては信、信心、浄信、敬信、信楽などと訳されている[14]。従って prasāda という語は、仏陀及びその教法に対する信の意味を持ちながら、同時に心の清浄性や歓喜性を表すのである。Prasāda という語を用いている文には、次のような用例が見られる。

およそいかなる有情にもせよ、かのアミターバ如来の名を聞き、聞きおわって、たとえ一度でも、深いこころざしによって、浄らかな信をともなった心を起こすならば、彼らすべては、この上ない完全な正覚より後退しない境地にとどまる。(15)

この文に対応するのが、『無量寿経』の次の文であり、親鸞の思想の中でも重要な位置を占める。

あらゆる衆生、其の名号を聞きて、信心歓喜し乃至一念せん。至心に回向して、彼の国に生まれんと願わば、即ち往生することを得て、不退転に住す。ただ五逆と正法を誹謗するとを除く。(16)

「信心歓喜」という言葉が、プラサーダに相当するものと考えられるであろう。『無量寿経』にあらわれた信の原語としてのプラサーダに関して、注意すべきことは、プラサーダはインドでは一般に「恵み」「恩寵」の意味に使われ、特に神の恩寵を表わす場合に用いられていた。『無量寿経』の後期経典にはこのようなインド一般の意味を持つプラサーダも使われているが、信を表わす意味にプラサーダを用いるのが、不用意なものであったと考えてはならない。(17)

最後に、adhimukti は浄土経典に登場しない語であるが、この語から作られた形容詞 adhimuktika は用いられている。また、動詞の adhimucyate や過去分詞の adhimukta も使われている。これらは

「その上に心を解放する、その上に心を傾注する」ことを意味しており、漢訳では、信解、勝解、信楽などと訳されている。[18] こうして、adhimukti に基づく信は対象を明確に捉えて決定することを指しており、仏陀の智慧に対する信解を意味するのである。[19] その意味で adhimukti の「信」は、極めて知的な信を表わすということができる。Adhimukti をもって信を表わす文は少なくないが、特に次の用例が注目される。

しかし、疑いをもたず、疑惑を断ち切ったものたちが、安楽世界に化生するためにもろもろの善根を植え、諸仏・世尊のさまたげのない知を信頼し、信じ、確信するならば、か（の安楽世界）に化生して、蓮華の上に両足を組み安座して出現する。[20]

以上、浄土経典に現われた「信」は、śraddhā, prasāda, adhimukti の三種をその原語としており、その内容は、仏陀の教説、仏陀の智慧に対する信認決定の心的態度を意味しており、またそれに加えて、知解的性格を持つものである。原始仏教における信は、智慧に相即する性格を持つのであり、本来知性のはたらきに相応すべきものである。従って、理性に相反する信はほとんど排除されているので、キリスト教における「不合理なるが故に我信ず」（credo quia absurdum est）という信仰形態は、原始仏教においては成立する余地がない。浄土経典は智慧よりむしろ信を中心とするが、知性的性格を失っていない。[21] 浄土思想における信は智慧と並べて説かれているのであり、智慧の意味を含むことを明白に示している。親鸞自身は信を智慧に即し、信心を説明するにあたって、しばしば新しく智慧を得ることであると語っている。『正像末和讃』には次のような詩句がある。

釈迦阿弥陀の慈悲よりぞ、願作仏心はえしめたる　信心の智慧にいりてこそ　仏恩報ずる身とはなれ　智慧の念仏うることは　法蔵願力のなせるなり　信心の智慧なかりせば　いかでか涅槃をさとらまし。(22)

原語の面から見てくると、信という概念が浄土教にとって非常に重要な事柄とされているが、「信仰」という言葉は経典では一度も用いられていない。即ち浄土経典に現われた信は、西洋の宗教におけるような神を絶対者として仰ぐ志向的な信仰とは異なって、悟りの心と一つになるということである。更に浄土経典には、インド思想に一般的に広く使われており、熱烈な献身的信仰を意味するバクティ（bhakti 信愛）という語も、全く用いられていない。仏教では原始経典から、bhakti という語が知られていたのみならず、特に bhakti を説く代表的文献『バガヴァッドギーター』は、インド思想一般の中では、浄土経典と歴史的・思想的に最も接近した文献であった。それにも拘らず、浄土経典の編纂者が信を意味する語としては bhakti を使用しない。これは、浄土経典に現われた信が、『バガヴァッドギーター』で代表されるヒンドゥー教的信仰形態と著しく性格を異にしていることを明らかにし、浄土思想が原始仏教以来の信の伝統を継承していることを明白に示している。(23) 信は仏教の歴史的展開の中では様々な形で表わされているが、静寂的且つ沈潜的性格はどの形においても現われ、それは絶対者に対する信仰という形態とは根本的に異なっている。

〈注〉

(1) 中村元「『信』の基本的意義」(仏教思想研究会編『仏教思想』11巻、平楽寺書店、一九九二年、所収)二四頁。N. Dutt, "The Place of Faith in Buddhism," *The Indian Historical Quarterly* 16 (1979): 639-646参照。

(2) 中村元「『信』の基本的意義」、六七〜六八頁。

(3) 『大智度論』(大正25・63a)。

(4) 藤田宏達「原始仏教における信」(『仏教思想』11巻、平楽寺書店、一九九二年、所収)、四九頁。

(5) 同書、九九〜一〇〇頁。

(6) 藤田宏達「信の形態」(『親鸞大系』第6巻、法蔵館、一九八八年、所収)、五四頁。

(7) 阿部正雄「現代における『信』の問題」(日本仏教会編『仏教における信の問題』平楽寺書店、一九六三年、所収)、一二頁。なお、藤田宏達「信の形態」、四九頁。

(8) 平川彰『初期大乗仏教の研究』(著作集第4巻、春秋社、一九九〇年)、四四三〜四四五頁。なお、大乗仏教の起源について最近のある研究によれば、大乗教団があって大乗経典が誕生したというよりは、むしろ大乗経典が先に創出され、その後、インドや東アジアなどにおいて、大乗経典が大乗教団を生み出したと主張する。この視点から大乗仏教の起源の問題を詳細に考察する論文については、下田正弘「経典を創出する——大乗世界の出現」(桂紹隆［ほか］編『大乗仏教の誕生』春秋社、二〇一一年、所収)、三七〜七一頁参照。

(9) 信樂峻麿『浄土教における信の研究』永田文昌堂刊、一九七五年、四八頁。初期の阿弥陀仏の信思想は仏塔礼拝と結合していたが、しかし阿弥陀仏信思想が教理的に完成すると共に、仏塔礼拝から離れていた。平川彰『初期大乗仏教の研究』(著作集第4巻)、四四頁参照。

(10) 信樂峻麿『浄土教における信の研究』、一〇〇～一〇一頁。
(11) 同書、一一三頁。
(12) 『浄土三部経』（山口益・桜部建・森三樹訳『大乗仏典』第6巻、中央公論社、一九八四年）、六〇頁。
(13) 藤田宏達「信の形態」、三七頁。
(14) 信樂峻麿『浄土教における信の研究』、一〇二頁。なお、藤田宏達「信の形態」三九～四〇頁。香川孝雄「浄土経典における信の問題」（『印度学仏教学研究』第16巻2号、一九六八年、所収）、五一一頁。
(15) 『浄土三部経』（『大乗仏典』第6巻）、六〇～六一頁。
(16) 『無量寿経』（大正12・272b）。
(17) 藤田宏達「信の形態」、四三～四四頁。
(18) 同書、四六頁。
(19) 信樂峻麿『浄土教における信の研究』、一一七頁。なお、香川孝雄「浄土経典における信の問題」、五一三頁。
(20) 『浄土三部経』（『大乗仏典』第6巻）、八〇頁。
(21) 佐々木現順「信仰を意味する諸原語」（『親鸞大系』思想篇、第6巻、法蔵館、一九八八年、所収）、三〇頁。なお、藤田宏達「信の形態」、六一～六三頁。
(22) 『浄土和讃』（『定本』第2巻、法蔵館、一九七八年）、一四五頁。
(23) 中村元『東西文化の交流』選集第9巻、春秋社、一九九二年、一五七頁。なお、藤田宏達「信の形態」、五〇頁。平川彰『初期大乗仏教の研究』（著作集第3巻、春秋社、一九八九年）、一六～一七頁。

第三章　悪の自覚と信心

第一節　悪人正機

親鸞の著作の中には「悪」に関連する用語が多く見られる。「罪悪」「悪業」「極重悪人」「濁悪邪見」など。そして『歎異抄』の第三章に立脚し、親鸞の教えを特徴付ける「悪人正機」の概念は有名である。「悪人正機」とは、『歎異抄』の「善人なおもて往生をとぐ、いわんや悪人をや」という言葉にあらわれた親鸞思想で、悪人こそが阿弥陀仏の本願によって救われる対象であるとする思想である。「悪人正機」という思想は多くの仏教学者から注目されてきたが、これが親鸞の独創的思想であるかどうか、という問題も出てくる。学者の見解は大体二種に分類される。一つは、「悪人正機」は親鸞の思想とは言えないという考え方である。即ち、「悪人正機」は『歎異抄』の著者唯円の創意あるいは独断であって、親鸞をも仏教をも誤解しているとする主張である。そうした説に対して、「悪人正機」は『教行信証』をはじめとする親鸞自身の著述である第一次資料に、第二次資料である『歎異抄』以上に、より深刻に、より組織的、論理的に陳述されているという主張もある[1]。

更に歴史学者の間では、社会思想の立場からこの「悪人正機説」が取り上げられ、当時の社会において、「悪人」はどの階層に相当するのか、という問題が考察されてきた。田村圓澄によれば悪人の悪は社会的身分的制約に基づくものであり、人間の存在悪・根本悪として理解されていない。「浄土教における悪業や罪の観念は社会的身分的制約に媒介せられているのであり、従って、これをもって人間性一般に普遍化せられるべき性質のものではない[2]」。家永三郎は「悪人正機」の悪人の中に、武士階級が含まれていることを指摘する。武士が戦場で人を殺すという悪業を起こすので、悪の自覚は、武士階級において最も深いものであったと思われる。

親鸞の宗教の核心をなす悪人正因の教義の如き、耕作農民の生活をではなく、武士階級の生活を背景に置くときに、はじめてその歴史的理解が達成せられるのであろう。何となれば、悪人の自覚と往生信仰との結びつきは、武士階級の宗教生活の展開過程のうちに成長したのであったから、親鸞の悪人正因説といへども、やはりその思想的潮流と無縁のものではなかった筈だからである[3]。

赤松俊秀は家永三郎の説と同様の立場に立っているが、悪人に相当する階級は漁師や商人であると主張する。「漁師などの殺生を業とするものが、罪業を自覚して、それから逃れたいと深く願ったことは、武士のそれに勝るとも劣らなかったことは言うまでもないことである」[4]。商人の場合、悪の自覚は武士や漁師ほどではなかったにしても、利益を取るという行為が早くから罪悪と思われていたので、相当に強かった筈である[5]。

以上の説は、社会史的考察に片寄っていて、悪人の意味が充分に究明されていないと指摘される。時代の社会情況に注目するだけでは、悪人の意味は浅薄なものになってしまう。もっと時代を越える深さが求められなければならない。親鸞によれば、人間の悪性は、歴史的社会情況や外在的時代現象に由来するよりも、もっと根源的に人間の無始以来の悪業煩悩という内在的原因に由来するのである。このような内面的深化において悪人を理解する時、初めて親鸞における悪の自覚が、普遍性を尺度として確立されてくる[6]。

第二節　悪と煩悩

親鸞における悪とは、善悪相対の悪、倫理的な悪ではなく、絶対的宗教的悪である[7]。即ち、生死を離れることのできない人間の実存そのものが悪なのである。「煩悩具足のわれらは、いずれの行にても、生死をはなるることあるべからざるをあわれみたまいて、願をおこしたまう本意、悪人成仏のためなれば、他力をたのみたてまつる悪人、もっとも往生の正因なり[8]」。この悪というものは、本質的なものであり、人間存在そのものの内に根ざしているのである。人間はそれを根絶することはできない。「外儀のすがたはひとごとに賢善精進現ぜしむ　貪瞋邪偽おおきゆえ　奸詐ももはし身にみてり　悪性さらにやめがたし　こころは蛇蝎のごとくなり　修善も雑毒なるゆえに　虚仮の行とぞなづけたる」と親鸞は告白している(9)。

ここで親鸞が言う「悪」とは、「貪瞋邪為」の心、「蛇蝎のごとく」なる心、「虚仮」の心のことである。即ち、親鸞は目に見える現象としての人間の悪の行為ではなく、それを生み出す内面的・根源的な悪として捉えられているのである。このような悪の自覚は、人間存在の根源にある煩悩の自覚に基づくものである。煩悩具足の人間が自力によって生死を離れることができないこと自体が、悪である(10)。従って、親鸞における悪とは、善と対比されるような相対的倫理的な悪ではなく、人間存在のそのものが悪なのである。

親鸞の「悪人」というのは、殺人とか強盗とか詐欺とかのような一つひとつの悪行を為した者をも、もちろん含むが、それだけでなく、人間性そのものが、その根本から悪であるということを意味している。親鸞が悪人というのは、簡単に言えば人間は誰も「煩悩を具足している」からであり、そして親鸞の言う煩悩という言葉は、人間における最も根本的な本性を意味している(11)。

親鸞によれば、人間の迷いの存在は無限に深い過去に始まるのである。悪は、現生だけではなく、無始曠劫以来のものとして自覚されるのである。

しかるに無始より已来、一切群生海、無明海に流転し、諸有輪に沈迷し、衆苦輪に繋縛せられて、清浄の信楽なし。（中略）一切凡小、一切時の中に、貪愛の心常によく善心を汚し、瞋憎の心常によく法財を焼く。急作急修して頭燃を灸うがごとくすれども、すべて「雑毒・雑修の善」と名づく。また「虚仮・諂偽の行」と名づく。「真実の業」と名づけざるなり。(12)

第三節　悪と宿業

ここに語っている過去の限りない悪は、『歎異抄』においては、現在行う善悪の行為を動かすものとして深い「業」、「宿業」として捉えられている。「よきこころのおこるも、宿善のもよおすゆえなり。悪事のおもわれせらるるも、悪業のはからうゆえなり。故聖人のおおせには、『卯毛羊毛のさきにいるちりばかりもつくるつみの、宿業にあらずということなしとしるべし』とそうらいき(13)」。現在行うあらゆる行いが過去の宿業によって決定されるのである。宿業という言葉は、親鸞の著作には見出されない。これはただ、『歎異抄』の第十三条に説かれているだけである。(14)しかし、宿業の思想が親鸞の多くの著作の根本に流れていることは否定できない。(15)それでは、親鸞における「宿業」はどのように理解すべきであろうか。

宿業という思想を一種の悲観的運命論のように解する人が多いようだが、宿業には、悪業だけでなく善業も含まれている。宿業の宿は、先という意味で過去の業のことである。仏教における業は、karmanというサンスクリット語の漢訳である。Karmanは「人間の為す行為」「振る舞い」「行為のはたらき」「行い」という意味である。一般に業は、行為の在り方により、身体に関わる行為（身業）、言語に関わる行為（口業）、意思に関わる行為（意業）の三業に分類される。更に業は、善心によって起こる善業、悪心によって起こる悪業、善悪いずれでもない無記心によって起こる無記業、という三性業に分類される。業は、単に行為だけではなく、因果関係と結合している行為を指し、如何なる行為も必ずそこに影響力を残す何らかの果を生む、ということを前提としている。一つの行為は、必ず善悪・苦楽の結果をもたらし、行為そのものは消えても、結果は余力・余習となって、それが次の行為に影響し、時には制御する。そういう果報を招く過去の業を、宿業と言うのである[16]。

親鸞はこのような一般仏教の業の思想を継承しつつ、独自な宿業観を創作した。上田義文によれば、一般仏教の業の思想において、現在の苦楽の果報は過去の善悪の業によるものであると説かれており、同時に現在の業の上に善悪を認めている。そこには、未来は現在の行為によって決定することができるとされている。しかし、『歎異抄』における宿業の思想は、よき心の起こるのも、悪事の思い浮かぶのも、現在において行う善悪行為も、宿業によるのであるとする決定論のように見えるので、仏教一般の業の思想とは異なっていると上田義文は指摘する。これについて、彼は次のように述べている。

親鸞の宿業の思想には、一般仏教のそれに比べて、はっきりとちがう所がある。一般仏教の業報論では、我々がこの世において受ける苦楽の境遇が宿業の果であると説くのであって、現在において我々が為す善悪の業まで宿業の果であるとは言わない。業は善・悪・無記の三種に分類されるが、果報を引くのは善業または悪業であり、これらの業の果報として苦楽の境遇は無記であるとされている。「因是善悪・果是無記」というのが小乗から大乗にいたるまで業の鉄則となっている。しかるに歎異抄では、この一般仏教の鉄則であるところの、苦楽の境遇が善業悪業の果報であるということは少しもいわないで、現在になす善悪の業が宿業の果であるということだけを説いている。これは明らかに一般仏教の業の思想との根本的なちがいと言わねばならない。この宿業の思想は因是善悪・果是無記という業の根本原則を破っている。（中略）現在の我々の身口意の三業がすべて過去の宿業のもよおしに外ならないということは、現在のみならず、未来までが過去から決定されてしまっているということを意味している。一般仏教の業の思想のように、現在の中に、過去の果としての苦楽の境遇の面と、未来の因としての善悪業の面とを含んでいると考えるのは、現在を過去の果であると共に未来の因であると考えることである。然るに未来の因となるべき現在の善い心も悪い行いもすべて宿業のもよおしであるとするのは、現在のみならず未来までも、過去の宿業の中に攝めてしまうことであって、これは現在をも未来をも一様に過去の果としてしまうことに外ならない。ここでは現在に未来を生み出すべき可能性乃至力が認められていないわけである。[17]

ここでは、現在の業の上に善悪を選択する自由意志が否定され、現在における行為は宿業によって運命論的に決定されていると思われるかもしれない。しかし、それは宿業が運命論や宿命論と混同されるためである。運命論は一切の出来事があらかじめ決定されていて、それを他律的に受け取って、自己の責任を回避する思想である。これに対して宿業観は、過去の業に責任を転嫁するのではなく、あらゆる罪悪を自律的に自己の上に受け取って、そこに宿業を懺悔するのである。しかし、懺悔とは、罪悪から解放されることではなく、かえって、罪悪を自らの上に限りなく負ってゆくのであって、それが本願に帰するということである。[18]

第四節　悪の自覚と信心の不可分の関係

親鸞における宿業は信心の立場から述べていたものであるから、「信心」と切り離して宿業を正しく理解することができない。宿業はどこまでも信心の言葉であり、宿業の自覚と信心との間には、深い内的関係がある。

「深心」と言うは、すなわちこれ深信の心なり。また二種あり。一つには決定して深く、「自身は現にこれ罪悪生死の凡夫、曠劫より已来、常に没し常に流転して、出離の縁あることなし」と信ず。二つには決定して深く、「かの阿弥陀仏の四十八願は衆生を摂受して、疑いなく慮りなくかの願力に乗じて、定んで往生を得」と信ず[19]。

ここで親鸞は善導のいわゆる二種深信において信心の本質そのものを語り表わしている。二種深信とは、一つは、機の深信であり、他方は、法の深信である。機の深信は、出離の縁あることのないという人間状況の理解を決定的に規定するのであり、宿業の自覚であると思われる[20]。罪悪生死を離れ得ないと信ずる機の深信は、本願に乗じて必ず往生を得ると信ずる法の深信と相即している。即ち出離の縁あることのないという機の深信なくしては「願力に乗じる」という法の深信はない。逆に阿弥陀の本願力によって定んで往生を得ると信ずることなくしては、出離の縁のないという悪の自覚は不可能である。

この観点から見れば、親鸞における悪の自覚と信心は不可分の関係にあると思われる。「生死を離れ得ないという現実悪の克服と止揚が人間にとって全く不可能であり絶望であることに深く直面するところに絶対他力の信がある[21]」。即ち、人間が自己の無力性を根源的に自覚する時、初めて信心は真剣に問題になる。しかし同時に、悪を自覚することは自力反省のみによってできるのではなく、常に阿弥陀仏の本願の働きによるのである。本願に出遇うことにおいてこそ、悪の自覚は在り得るのである。両者の関係は、どこまでも相互循環的である。「悪の自覚が本願をうち開き、本願の世界が悪の自覚をよび〔さます〕」[22]。

〈注〉

(1) 千輪慧「親鸞における『悪』について」(『武蔵野女子大学紀要』1号、一九六六年、所収)、四四頁。なお、悪人正機説は親鸞独自の思想的立場であると多くの学者に見做されているが、田村圓澄はその思想が法然や隆寛、及び鎮西教団においても見出されると主張する。『日本仏教史』第3巻、法蔵館、一九八三年、六四〜六五頁参照。

(2) 『日本仏教史』第3巻、七六頁。田村圓澄によれば、人間存在は本質的に悪であるという考え方を、法然や親鸞の時代において見出すことはできないし、またそれが必ずしも浄土真宗の伝統的教説ではない。人間存在そのものを、根源的に悪であるとする考え方が明治中期から成立したのであると、主張する。「悪人正機説の『悪人』が自己内省の究極において見出された人間存在の真実相であることを、主体的な体験を通じて取り上げたのは、おそらく明治中期の真宗の学僧、清沢満之であろう。(中略) しかし悪人の自覚を、自己の内観においてとらえた清沢満之に、キリスト教を含む西洋哲学の素養のあったことは、注意されなければならない。そしてこのことは、親鸞の宗教意識を、特に『罪業深重』の自己省察の面において、高く評価する近代の人々の中に西洋哲学者が多いことも関連している。(中略) もちろん清沢満之に代表される『悪』の理解が、法然・親鸞の理解と異なることを、主張するのではない。むしろ清沢の宗教体験乃至遍歴は、業障に躓いた法然や親鸞と共通するものがあり、その意味で法然や親鸞の世界は、清沢により、新たな光に照らし出されたといえるであろう」。同書、七二〜七三頁。

(3) 家永三郎『中世仏教思想史研究』法蔵館、一九六六年、二〇四頁。

(4) 赤松俊秀『鎌倉仏教の研究』平楽寺書店、一九七三年、七〇頁。

(5) 同書、七一頁。

(6) 田中教照「親鸞における悪の自覚」(仏教思想研究会編『仏教思想』第2巻、平楽寺書店、一九七六年、所収)、

三〇一～三〇二頁。神子上恵龍『真宗学の根本問題』永田文昌堂、一九六二年、二三四頁。
(7) 神子上恵龍『真宗学の根本問題』、二二二頁。
(8)『歎異抄』(『定本』第4巻)、七頁。
(9)『正像末和讃』(『定本』第2巻、法蔵館、一九七八年)、二〇八頁。
(10) 仁戸田六三郎「悪人正機に関する私見」(『親鸞大系』第11巻、法蔵館、一九九〇年、所収)、三一三頁。
(11) 上田義文『親鸞の思想構造』春秋社、一九九三年、四九頁。
(12)『教行信証』(『定本』第1巻)、一二〇～一二一頁。
(13)『歎異抄』(『定本』第4巻)、二〇頁。
(14) 第十三条に『唯信鈔』の説が紹介されているから、『歎異抄』の宿業論の背景に『唯信鈔』の思想があることは無視できない。
(15) 稲葉秀賢「親鸞聖人の業思想」(『親鸞大系』第11巻、法蔵館、一九九〇年、所収)、四八～四九頁。
(16) 中村元『仏教語大辞典』東京書籍、一九九六年、四〇六頁。なお『岩波・仏教辞典』、岩波書店、一九九五年、二四六頁、四〇四頁。
(17) 上田義文『仏教における業の思想』あそか書林、一九六六年、一七～一八頁。
(18) 稲葉秀賢「親鸞聖人の業思想」、五五～五六頁。
(19)『教行信証』(『定本』第1巻)、一〇三頁。深心は『観無量寿経』において示されている浄土往生の正因としての三心の一つである。『観無量寿経』においては、至誠心・深心・回向発願心の三心によって往生すると教説される。善導がこれら三心を自力の三心として把握しているが、親鸞は自力の行を否定し、善導の三心釈を引きつつも、これらを如来の三心とする。
(20) 安富信哉『親鸞と危機意識』文栄堂、一九九一年、三二三頁。なお曽我量深によれば、機の深信は宿業の自覚であるが、それは個人の問題としてではなく、全ての人間、全世界業として自覚される。『曽我量深選集』第6巻、彌生書房、一九七六年、一五五～一六五頁参照。
(21) 仁戸田六三郎「悪人正機に関する私見」、三一二～三一三頁。

（22）早島鏡正『悪人正機の教え』筑摩書房、一九六七年、八三頁。

第四章　信心と歴史

仏教はしばしば歴史意識が欠けていると言われている。これは多くの場合、ユダヤ教やキリスト教の思想、特にそれらの終末論的思想と比較して言われていると言っていい。確かに、仏教には神の世界創造から終末に至る過程としての歴史観はない。しかし、全ての歴史意識が、ある特定の歴史観に基づかなければならないということはない。

第一節　時間論の三つの立場

歴史意識の根底には、時間把握というものが考えられる。時間把捉の基本型としては、三つの立場を区別することができる。一つは、永遠に対して円環的に表象されるギリシャ的時間の理解である。そこでは、時間は永遠の環を描いて運動し、全てのものが回帰する。従って全てのギリシャ的救済の努力も、この永遠の円環運動から解放されること、即ち時間自身から解放されることに向けられているのである。ギリシャ人にとって、救いが時間的出来事の内に行われる神の行為によって来ることは、考えられないことである。ヘレニズムにおいて救いとは、我々が時間の円環的運行に束縛せられた此岸的存在から脱却して彼岸へと移されることを意味するのみである[1]。もう一つは、神の創造から終末までの直線的経過として表象されるユダヤ教・キリスト教的な時間把捉の立場である。しかし、両者には根本的差異があることを認めなければならない。キリスト教は、ユダヤ教と同じく直線的時間の予想にたつが、ただ歴史の中でのキリストの出現という、一回的出来事に時間の中心を認める点で、ユダヤ教とは異なっている。ユダヤ教においては、時間が未来という観点から見られ、時間の決定的中心は未来におけるメシアの来臨、即ちメシアの救済の時の到来である。キリスト教はユダヤ教と同様に終末観的立場を持っているが、時間の中心は「もはや未来のメシアの来臨ではなくて、過去においてすでに完成した、イエス・キリストの歴史的な生涯及び活動である[2]」。最後にもう一つ、仏教の時間表象の仕方がある。仏教はギリシャ思想のように時を永遠の影とすることなく、またユダヤ教・キリスト教のように、創造から終末に至る神の世界計画の枠のように理解してもいない。仏教では、時間は実体的根拠を要せず、始めも終わりもない無常である。一切存在は常に止まることなくして変化してゆくものであるから、絶対不変なものは存在しない。この存在が全て変化して無常であるところ、ここに時間というものが成立する根拠があると考えられている[3]。

親鸞は、仏教のこの基本的な時間把捉の立場を継承しつつ、独自の時間論を展開している。親鸞の時間把捉の中心は、信一念の決定にあると言うことができる。阿弥陀仏の本願とその成就という出来事は、如何なる過去よりも過去であり、久遠劫の過去である。しかしその時に成就された本願は、同時に歴史的時間としての一切衆生の信心決定の時に現在となる。本願成就の時と信心決定の時とは、同時的である。西谷啓治は「親鸞における『時』の問題」という論文の中で、親鸞における時間観について次のように述べている。

親鸞の信心が決定した「今」の時と、現代の誰かが親鸞に導かれて信心決定した「今」の時との間にはもちろん時間的前後がある。然もその二つの時は同じく本願力回向の時であり、その時に、鎌倉時代の親鸞と現代の或る人間とが同じく本願成就の時と場へ現在するのである。二人の人間の宗教的現存は、歴史的には全く異なった時点に成立しながら、然もかの「何時も過去なるものとして何時も現在」であるところの同じ時と場へ現在する。親鸞における「今」の時と現代の人の「今」の時とは、七百年以上も前後するそのままで同じ現在である。歴史的な前と後とが同時である。前の時と後の時とは、前後という関係をもったまま非前後であり、非前後に即して前後である。時間的な前と後とが同時だというのは逆説であるが、さういふ「時」が宗教的現存の上に「今」として成立するのである。（中略）現代の誰かが親鸞に導かれて信心決定したその「今」が、親鸞自身の信心決定の「今」と同時的であるのは、そのいづれもが、本願力回向によって本願の時と場へ現在するからである。つまり、本願成就の時と同時的だからである[4]。

西谷啓治によると、本願力は「時の同時化の力である」。信心決定において、過去が過去のままで現在となるだけではなく、浄土も、未来でありながら現在であると、彼は言う。「未来と現在という時間的前後を消すことなしに、未来は現在であり、現在は未来である。信心という宗教的実存はかかる同時性の現成にほかならない[5]」。

第二節　歴史と末法思想

親鸞の歴史観のもう一つの特徴は、末法思想である。これは、信或いは救済成立の基礎条件の重要なものとして捉えられている。末法思想とは、釈尊入滅後、時代を降るに従って仏法が滅尽していくことを誡めた予言的時代観であり、具体的には「三時説」と「五箇五百年説」が最も著名である。「三時説」は、仏滅後の人間世界の全時間を正法・像法・末法時代の三時代に区分したもので、その年数に関しては、諸種ある内一般に広く流布したものとして、正法五百年・像法千年・末法万年説と、正法千年・像法千年・末法万年説の二説を見ることができる。また「五箇五百年説」は、仏滅後の歴史を五百年ごとに区切って、解脱・禅定・多聞・造寺・闘諍堅固という様相で仏法が滅尽して行くことを予言したものである。[6]親鸞は「化身土巻」には「五箇五百年説」について次のように述べている。

仏滅度の後の第一の五百年には、我がもろもろの弟子、慧を学ぶこと堅固を得ん。第二の五百年には、定を学ぶこと堅固を得ん。第三の五百年には、多聞読誦を学ぶこと堅固を得ん。第四の五百年には、塔寺を造立し福を修し懺悔すること堅固を得ん。第五の五百年には、白法隠滞して多く諍訟あらん。微しき善法ありて堅固を得ん。[7]

三時の観念は、インドにおける教団の内部に発生したが、その場合は像法の現実に対する警告の意味が主であったと見られている。しかし中国仏教において末法そのものが重大関心事となり、これに如何に対処すべきかが思想上の問題になったのは、隋・唐の頃からのことであったと考えられている。日本においても末法思想は隋・唐仏教の伝来と共に早くから知られていたが、それが深刻な危機意識として人々の心を捉えたのは、平安時代後期から鎌倉期にかけてであり、いわゆる律令体制の崩壊と社会不安の中で定着して行った。

正像末の歴史観によると、釈尊からの時を隔てるにつれてその感化力は次第に衰退していくが、時代の推移は、教行証の三法を根拠とする。仏滅後の初めの時代には教と行と証とが共に存在する。教を受ける者は修行し、修行する者は証果を得る。これを正法と名付ける。次の像法時代には、仏教徒は教を受け、それを修行するが、証果を得ることができる者は存在しない。最後に、末法の時代においては、教を受ける者が存在するが、それを修行することもできず、証果を得ることもできない[8]。「末法の中においては、ただ言教のみありて行証なけん[9]」。

親鸞においては、末法が単に歴史的現実として把握されたのではなく、これが深く自己のうちに体験され自覚されたのである。時代の悪は自己の悪性に根拠があり、そこから理解された。時代が悪いというだけであれば、それは単なる歴史的現象であり、宗教的自覚と結び付くことはない。末法の観念が宗教的歴史観として成立するためには、時代悪の意識が人間悪の意識にまで内面化されてこなければならない。末法の観念は、特に中世以降、日本の仏教界全体にわたる支配的危機意識となったが、浄土教においては、時代の問題と共に人間の劣機性の問題、即ち機根の問題が深刻に取り上げられた。「時は末法、機は下根」は、浄土門の基本的な立場になった。この認識に立って、浄土門の時機相応性が主張され、末法観においては、時と機という「二重の危機意識」が相互に響き合うのである[10]。従って末法においては、仏滅後時を隔てるにつれて悪化し、一定の時代の歴史的現実だけではなく、自己自身の悪の事実でもある。『唯信鈔文意』において、親鸞は次のように述べている。

しかればいまこの世を如来のみのりに末法悪世とさだめたまえるは、一切有情まことのこころなくして、師長を軽慢し、父母に孝せず、朋友に信なくして悪をのみこのむゆえに、世間出世みな心口各異、信念無実なりとおしえたまえり。心口各異というは、こころとくちにいうことみなおのおのことなり、信念無実というは、ことばとこころのうちと実なしというなり。実はまことということばなり、この世のひとは、無実のこころのみにして、浄土をねがう人は、いつわりへつらいのこころのみなりときこえたり。(11)

ここでは末法は、外在的な環境悪として見られるのではなく、どこまでも人間の虚仮不実性の深化の上に、末法が確かめられている。親鸞によれば、人間の罪悪性は、時代的悪や環境的悪などの外在的原因に由来するというよりも、もっと根源的に人間の無始以来の悪業煩悩という内在的原因に由来するのである。(12)

仏滅後時を経るにつれて時代が衰微するという観念は、悲観的歴史観であると思われるが、時代が悪化してゆくということは、同時に浄土真宗が開顕する時でもある。その意味で末法の危機が人々に対して説かれるのは、絶望に導くためではなく、救済への意志を人々の心に目覚めさせるためであった。この意味で、末法史観は本願史観の前提となっている。本願史観とは、釈尊の説かれた『大無量寿経』と三国七高僧の教説によって歴史上に段々明らかにされてきたとする、浄土真宗史観である。親鸞はこの浄土真宗史観を、「化身土巻」では次のように規定する。

信に知りぬ、聖道の諸教は、在世正法のためにして、まったく像末・法滅の時機にあらず、すでに時を失し機に乖けるなり。浄土真宗は、在世・正法・像法・法滅・濁悪の群萠、斉しく悲引し

たまうをや。(13)

即ち聖道門の諸教は、ただ釈尊在世及び滅後五百年間の、衆生の機根が優れた時代にのみ相応する教えであり、像法や末法という機根の劣った時代には相応しくないが、浄土真宗は、在世・正法、像法・末法及び法滅の時代にわたって、煩悩具足の衆生を、平等に涅槃へ引き入れると言われている。聖道門の諸教はただ在世・正法に限られているのに対して、浄土真宗は在世・正法・像法・末法・法滅の時代にわたって、全ての時代に通ずるというのである。換言すれば、末法の時代に特殊的に相応する浄土真宗は、一定の時代に局限されるのではなく、普遍的にあらゆる時代に通用する。(14)

本願の歴史の出発点となるのが、『大無量寿経』の教説である。「それ、真実の教を顕さば、すなわち『大無量寿経』これなり(15)」。『大無量寿経』そのものが本願の中から誕生した経典であるが、同時にその本願が一切群生海の上に具体的な言説として明らかにされたのは、『大無量寿経』においてである。この経を説く釈尊の歴史的存在が、経を歴史に媒介し、本願の歴史的根源となったのである。釈尊が現われた歴史上の一時点において正像末という浄土教の時代区分が成立し、末法の自覚は釈尊からの時の隔たりを感じさせ、その末法の自覚を通して人間が阿弥陀の本願に遇うのである。この末法の自覚において阿弥陀の本願との関係からのみ考える信心がその歴史性を媒介するのは、釈尊の歴史的存在である。阿弥陀の本願を歴史に媒介する出来事は歴史的な釈尊の出現であるが、信心はあくまでも弥陀一仏への信心であり、釈尊への信心ではない。弥陀仏は歴史上の一時点には出現せずに、直接に人間の心想に現われるのである。「法蔵菩薩は決して一の史上の人として出現し給ひたのではない。彼は直接に我々人間の心想中に誕生し給ひたのである[16]」。

第三節　末法史観とキリスト教の終末論

末法史観は、しばしばキリスト教の終末論に類似した思想であると指摘される[17]。両者には幾つか類似点が認められるが、根本的差異があることも事実である。尾藤正英は、これについて次のように述べている。

末法思想はしばしばこの終末観と類似されるものであるが、正・像・末の三時は一方的下降衰退の過程であって、そこには終末の時点についての観念はなく、従ってなんらかの目標へ向かって歴史が進行するという観念も、そこからは成立しえなかった。歴史の目標についての観念は、歴史の究極的意味についての自覚につながり、また歴史の背後にひそむ神の計画の観念は、歴史に内在する法則性の観念に転化しうるものであったと考えられるが、末法思想の中には、その種の歴史的自覚を生み出すべき要素が欠けていたといわなくてはならない。法然や親鸞、また道元の立場において、歴史意識が希薄であるのは、右のような仏教的思考の特性に由来するとともに、またその立場が個人の救済を第一義とし、いわば非社会的性格を帯びていたためであろう。社会はただ救われるべき個人の集合体としてのみ意識せられ、全体としての社会の救いということはほとんど考えられていなかった(18)。

やや異なった視点から加藤周一は、親鸞における宗教がルターらによって展開された宗教改革とよく類似しているとしながらも、そこにはまた、プロテスタンティズムとは明確に相違する点があるとして、

プロテスタンティズムがその信仰を媒介として新しい倫理的価値を生みだしたのに対し、浄土真宗は生みださなかった。現世の価値体系を相対化して絶対者へ向かう信仰の構造、すなわち純粋に宗教的な面では類似しながら、絶対者から歴史的社会へもどり、そこに新しい価値体系をつくるという文化的な面では、全く異なっていた。(中略)『教行信証』の言葉に従えば、「プロテスタンティズム」には「往相」あって後「還相」あり、「浄土真宗」には「往相」あって後「還相」に独自の工夫がなかった。(中略)「プロテスタンティズム」と浄土真宗がその後の歴史に演じた役割は大いにちがっていた。一方は資本主義社会の形成におそらくは積極的な意味をもち、他方はいかなる社会的変革にもそのイデオロギー的背景を用意したとは考えられない(19)。

と論じている。世俗から超越へと向かう面では、プロテスタンティズムの理論と親鸞の浄土真宗理解とはよく似ているが、プロテスタンティズムにおいては、世俗へのたちかえり、還相性が詳細に明らかされているのに対して、親鸞の場合にはそのことが欠けているという指摘である。従って、その後のキリスト教と浄土真宗とが歴史に向かって演じた役割は非常に違っており、キリスト教は資本主義社会の形成に大きく寄与したが、真宗の教法は如何なる社会的変革のイデオロギー的背景も用意しなかったというのである。

親鸞の思想においては、末法という歴史的現実の自覚を通してのみ人間が阿弥陀の本願に遇うのであり信心を獲得できる限り、信心と歴史の間に深いつながりが認められる。しかし歴史は時間にも永遠にも目標を持たないから、歴史がそれに向かって進んでいる終わりの意識がないし、歴史を変革する衝動もない。親鸞の思想を特徴付けるのは、「人々がいかに現実を変革していくかということに指針を与えることではなく、自らのはからいをすてて本願力に帰し、それによって苦悩の生死海を出離する道を指し示す」ことである[20]。その意味で尾藤正英と加藤周一に指摘された親鸞の歴史観の特徴は正しいと言うことができる。親鸞の思想のみならず、仏教全体における歴史に対する基本的態度は、歴史を変革するよりもむしろそれを超越することであると思われる。

〈注〉

（1）Oscar Cullmann, *Christ and Time : The Primitive Christian Conception of Time and History* (Philadelphia : Westminster Press, 1950), 51-52.（前田護郎訳）『キリストと時――原始キリスト教の時間観及び歴史観』岩波書店、一九五四年、三六～三七頁。
（2）同書、六六～六七頁、八一～八二頁。
（3）遠山諦虔『信と時――親鸞における時の問題』芦書房、一九七二年、一六九～一七〇頁。
（4）『西谷啓治著作集』第18巻、創文社、一九九〇年、二一五～二一六頁。
（5）同書、二一九～二二二頁。
（6）福間光超「鎌倉期における末法思想について――とくに親鸞を中心に」（『仏教史研究』13号、一九八〇年、所収）一六頁。
（7）『教行信証』（『定本』第1巻）、三一二頁。
（8）『三木清全集』第18巻、岩波書店、一九六八年、四四三～四四四頁。
（9）『教行信証』（『定本』第1巻）、三一七頁。
（10）安富信哉『親鸞と危機意識』、二六七頁。"Shinran's Historical Consciousness," *Japanese Religions* 21,（1）(1996): 140.
（11）この引用文は、親鸞の言葉であるかどうかは確認できないが、大谷大学図書館蔵　浅野氏旧蔵本（流布本）に見出すことができ、『真宗聖典』にも載っている（一〇七五～一〇七六頁参照）。
（12）安富信哉『親鸞と危機意識』、二六七～二六八頁。"Shinran's Historical Consciousness," 141-142.
（13）『教行信証』（『定本』第1巻）、三〇九～三一〇頁。
（14）『三木清全集』第18巻、四四三～四六四頁。なお、安富信哉『親鸞と危機意識』、二七五頁。"Shinran's Historical Consciousness," 149.
（15）『教行信証』（『定本』第1巻）、九頁。
（16）『曽我量深選集』第2巻、彌生書房、一九七〇年、四一二頁。

(17)　『三木清全集』第18巻、四六七〜四六八頁。
(18)　尾藤正英「日本における歴史意識の発展」(『岩波講座日本歴史』22別巻（1）、岩波書店、一九七三年、所収)、四〇頁。
(19)　加藤周一『日本文学史序説』上巻、平凡社、一九七九年、二七七〜二七八頁。
(20)　武内義範、石田慶和『浄土仏教の思想――親鸞』、第9巻、三九一〜三九二頁。

第五章　如来回向としての信心

従来の仏教においては、教・行・証という三法が根本的なものであった。「教」は仏説であり、「行」は仏説に従って修行することであり、それによって「証」に到達する。親鸞はこの仏教の体系を意識しつつ、彼の主著である『教行信証』を「顕浄土真実教行証文類」と題したが、実際には教・行・信・証という形にし、「信巻」をその中心となした。『教行信証』の一切の思想は、この「信巻」より展開されていると見ることができるのである。彼は、従来の仏教のように行によって証に到達するのではなく、信によって証を得るのであると主張した。[1] こうして伝統的仏教で初門とされた「信」は、涅槃の真因となった。しかし、この信は自力の行もしくは人間の意志の決断によって生じるような信ではなく、全く阿弥陀仏より回向されたものである。

第一節　他力の信心と悪の自覚

如来回向としての信心という親鸞の理解は、彼の深い信心経験から生まれてくる。親鸞は自分の苦悩に満ちた生の過程において、阿弥陀の本願は親鸞一人のためにあり、親鸞一人を救うためにあることを自覚するに至った。「弥陀の五劫思惟の願をよくよく案ずれば、ひとえに親鸞一人がためなりけり。されば、そくばくの業をもちける身にてありけるを、たすけんとおぼしめしたちける本願のかたじけなさよ(2)」。ここには親鸞における徹底した悪の自覚が示されている。彼はただ自分の悪だけではなく、自らの悪の自覚を通して全ての人間の悪を感知する。そして自分一人が救われることとの自覚の中に、弥陀の本願は全ての人間の救いに関わるということを親鸞は覚知する。阿弥陀仏の前では人間が平等であり、出離の縁なき存在でありつつ、如来の本願力によって救われる者である。信心とは、まさに絶対救われない者が必ず如来の本願力によって救われることを信ずることである。信心というものは如来より賜ったものであるから、法然の信心であろうと親鸞の信心であろうと、その信心には何らかの相違はなく、一つである。「源空が信心も、如来よりたまわりたる信心なり。善信房の信心も如来よりたまわらせたまいたる信心なり。されば、ただ一つなり(3)」。

親鸞によれば、信心は衆生において至心・信楽・欲生の三心として現われる。「設い我仏を得たらんに、十方の衆生、心を至し信楽して我が国に生まれんと欲うて、乃至十念せん。もし生まれざれば正覚を取らじと。ただ五逆と誹謗正法を除く。[4]」この第十八願の原意においては、真心をもって、阿弥陀仏の本願が真実であることを疑心なく深く信ずる心を発し、浄土に往生せんと念仏する者は必ず往生させる、ただし五逆と正法を誹謗する者を除く、ということが明瞭である。つまり衆生は往生するためには、自己肯定的、自力的立場に立って信心を発し、念仏するということが必須とされるのである。原文をそのように解するのが、文面に忠実な読み方であろう。しかし、こうした自己肯定的、自力的立場は、自己の煩悩性を深く自覚した親鸞にとっては全く不可能になった。ここに、第十八願に対する親鸞独自の解釈が成り立つ。彼は、至心、信楽、欲生の三心を人間の三心としてではなく、如来より人間に回向された三心と解釈するのである。至心も信楽も欲生も、全てこれ人間のものではなく、如来より人間に賜われたものであり、それによって人間の往生は可能になるとするのである。

「至心信楽」というは、至心は、真実ともうすなり。真実ともうすは、如来の御ちかいの真実なるを至心ともうすなり。煩悩具足の衆生は、もとより真実の心なし、清浄の心なし。濁悪邪見のゆえなり。信楽というは、如来の本願、真実にましますを、ふたごころなくふかく信じてうたがわざれば、信楽ともうすなり。この至心信楽は、すなわち十方の衆生をしてわが真実なる誓願を信楽すべしとすすめたまえる御ちかいの至心信楽なり。凡夫自力のこころにはあらず。「欲生我国」というは、他力の至心信楽のこころをもって、安楽浄土にうまれんとおもえとなり[5]。

至心・信楽・欲生という三心は、その言葉は異なっているが、そのまま真実の一心であり、金剛の真心であり、真実の信心であると言うのである。

信に知りぬ。「至心」・「信楽」・「欲生」、その言異なりといえども、その意惟一なり。何をもってのゆえに、三心すでに疑蓋雑わることなし、かるがゆえに真実の一心なり、これを「金剛の真心」と名づく。金剛の真心、これを「真実の信心」と名づく[6]。

この真実の信心の本質は、如来、法性であり、仏性である。「大信心は仏性なり仏性すなわち如来なり[7]」。また「この信心すなわち仏性なり。仏性すなわち法性なり。法性すなわち法身なり[8]」。このようにして、真実の信心は衆生が引き起こすものではなく、衆生へ回向としてはたらく如来の真実である。

第二節　称名念仏の行と信心

では阿弥陀仏より全く回向されたこの信は、如何に成立するのであろうか。これを明らかにするためには、「行」と「信」の関係を検討する必要がある。行は、従来の仏教のように行者の力で為すものではなく、阿弥陀仏から行者に与えられたものである。そして行と信は、密接不離の関係にあると、親鸞は強調する。

　信の一念、行の一念、ふたつなれども、信をはなれたる行もなし、行の一念をはなれたる信の一念もなし。（中略）信と行とふたつときけども、行をひとこえするとききてうたがわねば、行をはなれたる信はなしときて候う。また、信はなれたる行なしとおぼしめすべく。(9)

即ち、「行」なくしては「信」というものはあり得ない。それと共に、「信」なくしては「行」は生きてはたらかない。従って信は、何もの、もしくは何ごとかを対象として信ずる「信」ではない。その「信」と不離である「行」も、対象的に捉えられる行為ではなく、その「信」をひらく道であり、その道が即信である。信のはたらきはそのまま行のはたらき、行のはたらきはそのまま信のはたらきであるところに、真実の行信があるのである。(10)そこで親鸞は、この行と信を「大行」と「大信」と呼び、「行巻」の初めに次のように述べている。

　謹んで往相の回向を案ずるに、大行あり、大信あり。大行とは、すなわち無碍光如来の名を称するなり。この行は、すなわちこれもろもろの善法を摂し、もろもろの徳本を具せり。極速円満す、真如一実の功徳宝海なり。かるがゆえに大行と名づく。しかるにこの行は、大悲の願より出でたり。すなわちこれ諸仏称揚の願と名づけ、また諸仏称名の願と名づく、また諸仏咨嗟の願と名づく。また往相回向の願と名づくべし、また選択称名の願と名づくべきなり。[11]

ここで大行と言っているのは、「無碍光如来の名を称する」ことである。この「無碍光如来の名を称する」とは、阿弥陀仏の名号を称することである。大行には、「諸仏の称名」と「衆生の称名」との表現がある。しかし、ここで注意すべきことは、親鸞が「行巻」における「第十七願」に、「諸仏称揚の願」、「諸仏称名の願」、「諸仏咨嗟の願」、「往相回向の願」、「選択称名の願」という名を付していることである。しかも、この五つの名称の内、第二の「諸仏称名の願」を最も重要視していたことは、標挙によっても、引文によっても明らかである。この場合、諸仏称名は、往生の因としての称名ではなく、讃嘆としての称名である。かくして、大行は衆生の称名であると言えるが、在来説かれて来た称名念仏とは、全く性格を異にしているのである。つまり、念仏の行は衆生の行う行ではなく、諸仏の称名であり、衆生にとっては聞かれるものである。[12]

諸仏とは、言うまでもなく、十方三世の仏果を開いた方々であり、その代表的なお方が、この地上では釈尊であるといってよい。だから、厳密に言えば「諸仏の称名」は、衆生にとっては、お釈迦さまの称名だというべきである。しかし、最も具体的に言えば、親鸞にとって「諸仏の称名」とは、

「よき人・法然」の教えにおいて聞いた称名である。その意味を拡大すると、衆生を念仏のこころに立ち返らせる念仏者、諸仏であると言うこともできる。この意味から言えば、諸仏の称名とは念仏に帰依して生きる無数の念仏者の称名で、衆生のこころに念仏が思い出される因縁となるもの、衆生への教えとして働きかける称名であると言える。この立場で言うと、諸仏の称名は、諸仏が阿弥陀如来の功徳を讃嘆することであり、衆生にとっては、その讃嘆が聞かれる称名である。[13]かくして、親鸞における真実の行とは、衆生の称名を言うものでありながら、それはそのまま諸仏の称名であり、即ち阿弥陀仏の名を聞くことである。また聞かれるものとしての名号とは、究極においては信心に他ならない。親鸞は「信巻」の本願成就文の中で、

諸有衆生、その名号を聞きて、信心歓喜せんこと、乃至一念せん。至心に回向せしめたまえり。かの国に生まれんと願すれば、すなわち往生を得、不退転に住せん。ただ五逆と誹謗正法とをば除く。[14]

と述べ、またこれを詳細に論じる『一念多念文意』に、

「聞其名号」というは、本願の名号をきくとのたまえるなり。きくというは、本願をききてうたがうこころなきを「聞」というなり。また、きくというは信心をあらわす御のなり。「信心歓喜

乃至一念」というは、信心は如来の御ちかいをきて、うたがうこころのなきなり。「歓喜」というは、「歓」は、みをよろこばしむるなり。「喜」は、こころによろこばしむるなり。うべきことをえてんずと、かねてさきよりよろこぶこころなり。「乃至」は、おおきをも、すくなきをも、ひさしきをも、ちかきをも、さきをも、のちをも、みな、かねおさむることばなり。「一念」というは、信心をうるときのきわまりをあらわすことばなり。[15]

と言っている。即ち、信心とは本願の名号において聞かれるものであり、阿弥陀仏の側から回向されたものである。本願の名号と衆生の聞とは、呼応的関係にあるのではなく、名号がそのまま直ちに聞信である。信心の成立において衆生の方から応答的決断という側面は一切なく、そこにあるのは全く本願の働きである。「しかれば、もしは行・もしは信、一事として阿弥陀如来の清浄願心の回向成就したまうところにあらざることあることなし。因なくして他の因のあるにはあらざるなりと。知るべし」[16]。

このように、親鸞は、行も信も共に如来の願心によって回向成就されたのである、ということを明らかにしているのであり、以前の行と信の捉え方を根本的に転換している。従来は、「行」即ち念仏を唱えることも信心を起すことも、衆生が為すことであるとされている。しかし、親鸞においては、「行」は諸仏に行ぜられるものであり、即ち名号であり、またこの名号が衆生の耳に聞えその口に出て、信心が起こるのである。言い換えれば、行は阿弥陀仏の「はたらき」であって、衆生の「行為」ではない。行は阿弥陀仏によって回向されるものであり、この他力回向の行によって信心が衆生の心に開かれるのである。そしてその心の開かれた瞬間が、獲信なのである。しかし、阿弥陀仏によって回向された行と獲信との間には、実際的な時間の流れは存在しない。称名を称えて、それから信を得るのではなく、称名を称えるところに覚知することが、獲信に他ならない。行から信へというはたらきの方向はあるが、両者は全く同時的に成立する。(17) このように行と信心とは、密接不離の関係にあり、念仏を称える行そのものも、信心と共に衆生の行為によって為されるのではなく、それらの全てが阿弥陀仏によって同時に回向されるものなのである。

第三節　信心と正定聚

阿弥陀仏から回向された信心は、同時に正定聚の位につくことになる。インド以来の往生思想展開史の上では、浄土往生とは、此土（穢土）に命終して彼土（浄土）に生まれることを意味し、浄土に生まれることが直ちに成仏することではなく、此土の肉体を捨てても、彼土において更に業相続の異熟身を受けて、浄土で更に仏土修行の上、仏果滅度に至ると見るのが、本来の立場であった。日本の浄土思想史において、「往生」が初めて明確に「成仏」と一つであると考えられるようになり、往生すれば直ちに成仏するという思想が生まれた。つまり「往生」と「成仏」が、肉体の死を媒介としてのみ実現すると考えられるようになった[18]。こうして浄土往生思想の伝統的な理解では、正定聚も滅度とともに当来彼土において得られる益であった。しかし親鸞は伝統を継承しつつ、正定聚を現生において獲信の時に得られる利益として理解した。そして獲信において正定聚に入る実態を、「即得往生」とも呼んだ。この領解の根拠は、第十八願成就文にある。親鸞が、この第十八願成就文の「即ち往生を得、不退転に住せん」という文における「即得往生」の語義を、注解している文は二種ある。その一つは『一念多念文意』におけるもので、次のように述べている。

> 「即得往生」というは、「即」は、すなわちという、ときをへず、日をもへだてぬなり。また即は、つくという。そのくらいにさだまりつくということばなり。「得」は、うべきことをえたりという。真実信心をうれば、すなわち、無碍光仏の御こころのうちに摂取して、すてたまわざるなり。「摂」は、おさめたまう、「取」は、むかえとると、まうすなり。おさめとりたまうとき、すなわち、とき・日をもへだてず、正定聚のくらいにつきさだまるを、往生をうとはのたまえるなり[19]。

もう一つは『唯信鈔文意』の次の文である。

> 「即得往生」は、信心をうればすなわち往生すという。すなわち往生すというは、不退転に住す

るをいう。不退転に住すというは、すなわち正定聚のくらいにさだまるとのたまう御のりなり。

これを「即得往生」とはもうすなり。[20]

『一念多念文意』の文は、「即得往生」の語を説明するにあたり、まず「即」の字を注解して、それは即時として極めて速い時間を意味することと、また即就として位に定まりつくという意味があることを示している。次に「得」の字を注解して、それは得るべき目的を既に得たということを意味すると説明している。そしてそういう即得の字解を受けて、真実の信心を得るならば、即時に如来の大悲の心に摂取されるが、またそれと同時に、正定聚の位につき定まるのである。その点からすると、親鸞はここでは、「即得往生」を、結論的には「正定聚のくらいにつきさだまるを往生をうる」ことと理解している。『唯信鈔文意』の文中では、「信心をうればすなわち往生する」のであって、そのことを不退転位に住し、正定聚の位に定まるといい、このことを即得往生と言うのである、と説明している。[21]

真宗教学の伝統において、「即得往生」に対する親鸞の理解を巡って、種々の理解が成立しているが、大別すれば、二種の見解にまとめることができる。一つは、「即得往生」を、来世死後に往生をうることに定めることとして捉えるのであり、もう一つは、それを現生において往生を得ることとして捉える見解である。

前者の立場を主張する普賢大円は、

これは何れも本願成就文の「即得往生住不退転」の解釈である。この即得往生を解釈して、それは現世信一念正定聚に定まることだと言うているのである。即ち即得往生によって、正定聚を解釈したのではなく、正定聚によって即得往生の解釈をしたのである。若し即得往生によって正定聚を解釈したのなら、正定聚に住することは往生を得ることだとして、正定聚を往生と名づけることもできるが、今はその反対である。正定聚によって即得往生の解釈をしているのである。しかるに正定聚とは、正しく往生浄土に決定する聚類ということであるから、即得往生は往生に決定するということにならねばならぬ(22)。

と述べている。即ち「即得往生」とは、如何なる意味においても、現生における往生を得ることではなく、それは単に、死後来世の往生が決定することに他ならないというのである。

後者の立場を主張するのは、曽我量深である。彼は次のように述べている。

信心を獲て、新しい生活をする、その生活を往生というのである。何も死んでから――というのではありません。信心を獲たときに、ちゃんと決定往生の生活をする。決定往生ということは、いつ死んでも往生間違いないということが、決定往生だというのではありません。決定往生ということは、そんな非常意識でもって表わさなければならぬというものではありません。往生は通常意識でもって理解していくべきものだと思います。非常意識でもって理解していくのは、方便化土の往生でしょう。方便化土の往生は非常意識でもって領解すべきものであろうけれども、真実報土の往生は日常の精神生活、この日常の精神生活というところに往生がある。それを「心すでに常に浄土に居す」とおおせられるのである、と理解して差支えないと思います。（中略）われわれの信心の生活、仏法の生活、ほんとうの喜びの生活、明るい生活、それを往生という。だから、ここからどこかへ行くというようなものではないのでしょう。常に身は娑婆世界に居るけれども、心は娑婆世界を超越しておる。往は超越をあらわす。この身は煩悩の身でありまするからして、この娑婆世界におる。娑婆世界においても、心はちゃんと超越して、そうして心は浄土に居るのである。心が常に光の世界に躍動している、そういう生活を往生浄土というのである。(23)

浄土往生とは、現生の心において成立するもので、信心の生活、仏法の生活、ほんとうの喜びの生活を、往生と言うと主張する。

また上田義文も、親鸞思想は死後の来世往生が中心ではなく、信心獲得の時点で往生するという、現生往生こそが核心であることを論じている。彼によると、親鸞においては滅度を証することだけでなく、正定聚の位につくことも、往生することである。つまり、滅度を証すること（往生を得ること）

が、正定聚の位につくことと無二であり、正定聚の位につくこと（因の決定）と滅度を証すること（果を得ること）という別々の二つのことが、一つの「往生する」という語で言われているのは、往生することが仏に成ることであるからである。往生するという言葉が、このような二義を持つようになったことは、往生の思想が臨終という立場を離れて、平生の立場にたったことを意味する。上田義文は、そのことを次のように言う。

正定聚の位についたことは、信心を得たことであって、それは往生する（滅度を証する）ことに定まることであるが、正定聚の位につくことが、また、仏によって「往生をう」と云われているということを親鸞は鋭く注目した。滅度を証することのほかに、正定聚の位にさだまることも亦「往生する」と云われ得ることをこの経の文によって親鸞は知ったのである。経文の「即得往生」を親鸞は文字どおりに受けとって、正定聚の位につくことも亦「往生をう」と言ってよいと考えたのである。（中略）滅度を証することだけでなく、正定聚の位につくことをも「往生をう」という思想は、非常に重要な、浄土教思想史における画期的な思想を顕わしており、ある意味では親鸞の思想の核心がここに顕れているとも云える。現生において生きているままで「往生をう」ということは、インドから中国を経て、日本の法然に至るまで、未だかつて誰も云わなかったことである。それを親鸞はあえて云っているのである。親鸞には、それを敢えて云わねばならない何ものかがあったと見ねばならない。その何ものかは、彼が臨終の立場を捨てて平生の立場に立ったことと結びついており、正定聚の信心が真如一実と云われていることも結びついている。[24]

第四節　信心と現世往生

往生を以上のように考える時、浄土の観念も新しく理解される。一般にいうところの浄土は死後の世界であり、現生に対する彼岸であって、現生と直接の関係は断たれている。しかし、浄土は死後にあって、現在の人間にとっては手の届かないなどと考えていてはならない。そのような浄土ならば、現在の人間にとっては直接に関係のない静止的な彼岸に過ぎないであろう。そうではなくて、浄土は人間のいるところに現在したものである。これについて星野元豊は、次のように述べている。

浄土とは娑婆の身体的肉体とは何んの関りあいもない、宗教的な概念によって規定されるべき国土である。宗教的世界の国土であって、俗的な思考対象となる世界ではない。（中略）浄土は宗教的回心を媒介としてはじめて住きうる世界である。往生とはこのような宗教的世界に住くことである。肉体的死を媒介として住きうるところではない。もし死ということがいわれるとするならば、生死的無明の死である。無明的生命が前念に命終し、後念に宗教的生命に生きるという宗教的回心を媒介として往生するところが浄土である。宗教的回心によってもたらされた事態が正定聚である。そして正定聚に入るということはそのまま浄土に往生するということにほかならない[25]。

星野元豊の見解では、浄土往生とは宗教的な生であり、肉体的死を媒介として到達される実態ではないのである。浄土は一般に考えられているような肉体の死後の世界ではなくて、現実のところにあるのである。その意味で、正定聚に住するとは、煩悩の現実にあると同時に浄土においてあるのである。ただ現実においては、浄土の中にあるといっても、「この現実に直接的にあるのではなくして、裏側から逆説的にあるのである[26]」。

親鸞の往生思想においては、臨終・死は本質的意義をもたないのである。しかし、煩悩性と同一視される肉体性の問題を強調し、信心と涅槃・滅度とを区別した親鸞の強い立場があることも事実である。この立場から考えるならば、肉体性も肉体の死も、改めて重要な意味を持ってくる。宮地廓慧は、これについて次のように書いている。「肉体性即煩悩性の問題は、一般浄土教学はもとより、真宗教学においてさえ十分に追究されることなく、自明の事として片付けられていたのではなかろうか。（中略）浄土往生の解明のためには、何よりもまずこの肉体性と同視すること——肉体の存する限り、煩悩はなくならないのである[27]」。

親鸞においては、如来回向の信心獲得の時に正定聚に往し、それは往生することであるが、それだからと言って、涅槃の証果をその瞬間に獲得するのではない。信心に生きる人は、既に現生において如来の生命に生き、浄土に往生しているが、肉体性・煩悩性を保つ限り、凡夫の存在は涅槃・滅度に達することはできない。来生において、初めて涅槃の証果を成就することができるのである。

〈注〉

(1) 上田義文『親鸞の思想構造』、八〜一〇頁。
(2) 『歎異抄』(『定本』第4巻)、三七頁。
(3) 同書、三五頁。
(4) 『教行信証』(『定本』第1巻)、九七頁。
(5) 『尊号銘文』(『定本』第3巻)、七三〜七四頁。
(6) 『教行信証』(『定本』第1巻)、一三二頁。
(7) 『浄土和讃』(『定本』第2巻)、五七頁。
(8) 『唯信鈔文意』(『定本』第3巻)、一七一頁。
(9) 『末燈鈔』(『定本』第3巻)、八六〜八七頁。
(10) 石田慶和『親鸞の思想』、一九二頁。
(11) 『教行信証』(『定本』第1巻)、一七頁。
(12) 桐溪順忍「大行論の一考察」(『親鸞大系』第8巻、法蔵館、一九八八年、所収)、二〇三〜二〇四頁。
(13) 同書、二一〇〜二一一頁。
(14) 『教行信証』(『定本』第1巻)、九七〜九八頁。なお、本来の『無量寿経』の原文は次の通りである。「あらゆる衆生、其の名号を聞きて、信心歓喜し乃至一念せん。至心に回向して、彼の国に生まれんと願わば、即ち往生することを得て、不退転に住す。ただ五逆と正法を誹謗するとを除く」（大正12・272b）。本来の漢文の読み方によれば、この部分は衆生が回向し、回向の主体は衆生にあるべきであるが、親鸞は漢文を読みかえ、回向の主体を阿弥陀仏に置いているとする。

(15)『一念多念文意』（『定本』第3巻）、一二六〜一二七頁。

(16)『教行信証』（『定本』第1巻）、一一五頁。

(17) 岡亮二「『教行信証』序説——親鸞の『信』の構造」（『真宗学』第75・76号、一九八七年、所収）、一〇七〜一〇八頁。

(18) 宮地廓慧「上田義文博士の親鸞の『往生』の思想批判」（『親鸞大系』第10巻、法蔵館、一九八九年、所収）、六一頁。

(19)『一念多念文意』（『定本』第3巻）、一二七〜一二八頁。

(20)『唯信鈔文意』（『定本』第3巻）、一六一頁。

(21) 信樂峻麿『親鸞における信の研究』下巻、永田文昌堂、一九九〇年、八四九頁。

(22) 普賢大円「最近の往生思想をめぐりて」（『親鸞大系』第10巻、法蔵館、一九八九年、所収）八九頁。

(23)『曽我量深選集』9巻、彌生書房、一九七〇年、二七五〜二七六頁。

(24) 上田義文『親鸞の思想構造』、一〇二〜一〇六頁。

(25) 星野元豊『講解教行信証』証の巻、真仏の巻、法蔵館、一九九四年、一一二七頁。なお、やや異なった視点から鈴木大拙も、浄土は娑婆の外に存在するものではなく、娑婆そのものの中に現在しているものを強調する。「娑婆と浄土とはもとより個々にそれぞれの領域をもっている、それは混同せられるべきでない、融化すべきでない。が、穢土を離れての浄土ではない。また浄土から手の届かぬ穢土ではない。浄土は実に穢土のうちになくてはならぬ、それ故、その光明は直ちに衆生と接触して行けるのである。（中略）光明が外から来るのではなくて、実に自分等の内にあるからでなくてはならぬ。（中略）光明を見るというのは、それを外において、眼で外物を見る如くに見るのではなくて、内に感ずることである。つまり光明が吾等のうちに動く、それを感ずるのである。自分の眼で外の物を見る場合の如く、感性的確実性がそこにあるので、それで見るという。見るは感ずるのである。信ずるのである。証するのである。それはどうしても浄土を十万億土の外、死んでから後に置いては、不可能事である。事実としては、事実の体験としては、浄土が此土になくてならぬ。しかしながらこれは上来しばしば繰り返されたように、此土と彼土とを一つに渾融しての話でないことをくれぐれも記憶しておかなければならぬ。」「浄土論」(『親鸞大系』第1巻、法蔵館、一九八八年、所収)、一二三頁。

(26)　星野元豊『講解教行信証』、一一一九頁。

(27)　宮地廓慧「上田義文博士の親鸞の『往生』の思想批判」、六三頁。

第六章　信心と倫理的実践

前章で見てきたように、親鸞における信心は基本的に如来より回向されたものである。即ち、信心において働いているのは、阿弥陀の本願力だけである。そしてこの信心が口にあふれ称名となって現われるのも、如来の本願力によっている。人間が称える念仏がそのまま如来回向の行であり、人間より如来への自力の行ではない。従って念仏も、信心と同様に全く如来の本願力によるものであり、人間が為した行為ではない。

第一節　善悪の問題と倫理

さて、では信心を獲得した後に、如何なる倫理的実践を伴うのであろうか。倫理を論ずるにあたってまず問題となるのは、善悪の問題である。親鸞における善は、第一章で考察した悪と同様に道徳規制としての善ではなく、道徳を超えた宗教的意味の善である。彼によれば、道徳的な意味の善は「雑毒の善」である。「こころは蛇蝎のごとくなり修善も雑毒なるゆえに」(1)。と言うのも、道徳的善は煩悩に染まっているから、煩悩が全くない如来の善に比べると、善と言えない。如来善に対して言えば、人間に属するものは善・悪共に悪である(2)。親鸞にとって、善は基本的に名号である。

名号はこれ、善なり、行なり。行というは、善をするについていうことばなり。本願はもとより仏の御約束とこころえぬるには、善にあらず、行にあらざるなり。かるがゆえに、他力ともうすなり(3)。

善は、善への倫理的努力ではなく、名号のみ善である。倫理的努力によって善行を為そうとしても、それは宗教的目的、すなわち浄土に往生することには役立たないのである(4)。自力作善に基づく倫理的立場を否定した最も強い表現は、『歎異抄』に見出すことができる。「本願を信ぜんには、他の善も要にあらず、念仏にまさるべき善なきゆえに」(5)。念仏を称えるのは人間であるが、それは自分の力によらずに如来の願力によって為されるので、善行だとは考えられていない。

念仏は行者のために、非行非善なり。わがはからいにて行ずるにあらざれば、非行という。わがはからいにてつくる善にもあらざれば、非善という。ひとえに他力にして、自力をはなれたるゆえに、行者のためには非行非善なりと云々(6)。

第二節　自然法爾と宗教的倫理

人間の自力による廃悪、修善あるいは持戒という行為は不可能であるから、善を生きることができる道は、本願に帰すること以外にない。即ち、信心獲得したところに、柔和忍辱という宗教的倫理と呼ばれる世界が開かれてくるのである。

信心さだまりなば、往生は、弥陀に、はからわれまいらせてすることなれば、わがはからいなるべからず。わろからんにつけても、いよいよ願力をあおぎまいらせば、自然のことわりにて、柔和忍辱のこころもいでくべし。(7)

このように、善は人間の自力によってではなく、願力自然によって為されるものである。人間のはからいが一切なくなったところに自然があり、柔和忍辱という善が、人間の心におのずから生ずるのである。親鸞は、自然を詳細に論じて次のように言っている。

自然というは、自はおのずからという。行者のはからいにあらず、しからしむということばなり。然というはしからしむということば、行者のはからいにあらず、如来のちかいにてあるがゆえに。

法爾というは、この如来のおんちかいなるがゆえに、しからしむるを法爾という。法爾はこのおんちかいなりけるゆえに、すべて行者のはからいのなきをもって、この法のとくのゆえにしからしむというなり。すべて、人のはじめてはからわざるなり。このゆえに、他力には義なきを義とすとしるべしとなり。自然というは、もとよりしからしむということばなり。弥陀仏の御ちかいの、もとより行者のはからいにあらずして、南無阿弥陀仏とたのませたまいて、むかえんとはからわせたまいたるによりて、行者のよからんともあしからんともおもわぬを、自然とはもうすぞとききて候う(8)。

以上の引用が示すように、自然は自ずからという意味であり、然らしむという意味だと言う。従って、そこには行者のはからいなどは一切ない。阿弥陀仏の働きそのものは自然である。この点で、親鸞における倫理は、当為としての「善を為すべし」という原理に基づく倫理ではなく、願力の働きとしての自然に基礎付けられる倫理であると言うことができる。人間は自力ではどこまでも善行を実践し得ないが、信心獲得したところに倫理的な柔和忍辱という人格が誕生する。即ち、信心において、如来に摂取されている深い歓喜のこころを生ずるものである。「その喜びの心こそ、柔和な心となり、正しい生活へ導くものであり、生活におのずからなる明るさをあたえるものである(9)」。

しかし、こうした信心歓喜に基づく善は無媒介に起こるのではなくて、そこには自己の罪悪性に対する否定的な媒介がなければならない。罪悪の深さを自覚するものにおいてこそ、善への志向は強まるのである。自らの中に深き悪を自覚すれば、もはや悪を重ねることができない。何故なら、罪悪の自覚の中に悪を拒否する働きが含まれるからである。罪悪を自覚すれば「恥ずかしい」という心情があるはずであり、更に悪をしよう、などという気持ちが起こることはあり得ない。これは、悪が本質的に持つ拒否性である。[10] しかも、悪に対して深く恥じる心は善への努力を促すのである。[11] この点、信心に伴う倫理的実践は逆説的なものであると言うことができる。「道徳実践の出来ないものであるという他力覚より生ずる道徳実践こそ真宗者の実践の根本的ものだ」[12]。親鸞は造悪無碍の問題を解決しようとして、門弟に幾つかの書簡を送ったが、その中の一つは、特に念仏の教えと他力の信心が倫理的生活の中で如何に働き得るかを明らかにしている。

仏の御名をもきき念仏まうして、ひさしくなりておはしまさんひとびとは、後世のあしきことをいとうしるし、この身のあしきことをばいといすてんとおぼしめすしるしもさうらうべしとこそおぼえさうらえ。はじめて仏のちかいをききはじむるひとびとの、わが身のわるくこころのわろきをおもいしりて、この身のようにてはなんぞ往生せんずるというひとにこそ、煩悩具したる身なれば、わがこころの善悪をばさたせず、むかえたまうぞとはもうしそうらえ。かくきてのち、仏を信ぜんとおもうこころふかくなりぬるには、まことにこの身をもいとい、流転せんことをもかなしみて、ふかくちかいをも信じ、阿弥陀仏をもこのみもうしなんどするひとは、もともこころのままにて、悪事をも、ふるまいなんどせじと、おぼしめしあわせたまわばこそ、世をいとうしるしにてもそうらわめ。また、往生の信心は、釈迦・弥陀の御すすめによりておこるとこそみえてそうらえば、さりともまことのこころおこらせたまいなんには、いかでかむかしの御こころのままにては候べき。(13)

このように、親鸞は煩悩具足である人間の心の善悪を問題にせずに、如来が迎えられるというのであり、それを聞いて深く信ずるなら、もとの心で悪を行わないと思うのが当然である、と指摘している。即ち、他力回向の信心が起こっているなら、昔のままの悪を行うことは考えられないと言っているのである。

第三節　現実社会から遊離した信心

日本の思想史において、親鸞の倫理観はどのような評価を与えられているのだろうか。次に紹介する二説はいずれも親鸞に否定的な見解であるが、それらを検討することによって、かえって親鸞の思想における信心と倫理的実践との関係が明らかになると考えられる。津田左右吉によれば、親鸞における信心は現実生活から遊離していると言う。

親鸞の特殊の思想の主なるものは、浄土往生の信を起こすことは、阿弥陀仏の本願のはたらきであつて、その信のあらはれとしての称名念仏そのことが、自己から出るのではなくして阿弥陀仏の本願力のはたらきであり、従って初めて信じたその時に往生は決定せられ、その後の称名はすべて報恩の行である、ということである。これは一念で往生するという幸西の説と同じ考え方のやうであるが、その一念の信がどうして起こるか、即ち阿弥陀仏の廻向がどうして人に受け入れるかは、十分に説明せられていないように見える。（中略）教をきけば何人にもかならず信が起こるべきものとして、初めからきめられているのではなからうか。また往生が決定せられていることと、もう決定せられた後の日常の生活との間にどういう関係があるかも明らかにせられていない。現実に往生するまでは、即ち死ぬまでは、凡夫の生活が持続せられるとすれば、その生活と往生の決定せられていることは、無関係に並存するものと考えられているらしく見えるのではあるまいか。[14]

信心において往生の決定とその後の日常生活との関係は、明らかにされていないのであり、両者は無関係に並存するもののようであるという指摘である。またやや異なった視点から加藤周一は、親鸞における宗教は、一六世紀のヨーロッパにルターによって展開された宗教改革と似ていると認めながら、そこにはまた、プロテスタンティズムと根本的相違点があると指摘し、次のように述べている。

プロテスタンティズムがその信仰を媒介として新しい倫理的価値を生みだしたのに対し、浄土真宗は生みださなかった。現在の価値体系を相対化して絶対者へ向う信仰の構造、すなわち純粋に宗教的な面では類似しながら、絶対者から歴史的社会へもどり、そこに新しい価値体系をつくるという文化的な面では、全く異なっていた。救いは当人の行為の善悪と関係がないとして、現世における当人の行為はどうあるべきか。阿弥陀仏に対する態度は、宗教的問題であり、他人に対する態度は倫理的問題であって、その二つの問題がどう関係するのか[15]。

信樂峻麿と石田慶和はこうした批判を取り上げて、親鸞の思想における倫理的実践という問題をより一層明らかにしようとしている。彼らによれば、津田左右吉と加藤周一が批判する点は全面的に正しいとは言えず、両者には親鸞における信心の基本的点についての理解が不充分である。信樂峻麿は、親鸞の思想においては原理的・当為的に規定された倫理が存在しないので、そういう意味で信心に伴う社会的実践の側面は希薄であることを認めている。しかし、それは残念ながらという意味でも、信心が欠陥を持つという意味でもない[16]。親鸞における信心は、真実に出遇うということ、真実に触れるという究極的宗教体験である。このような信心に生きることは、世俗の体制規範、価値体系を厳しく否定し、それを相対化してゆくということでなければならない。しかし同時に、その信心はあくまでもこの世俗のただ中において成立するものである限り、現実の歴史社会と鋭く切り結ぶという側面を持つはずである。即ち、信心による世俗的価値、支配秩序の超克として、新たな信心主体の確立をもたらし、その信心による革新的性格を持った自律的世界を開示したのである。例えば親鸞の生きた時代には、その念仏が支配権力から繰返し弾圧され、また近代の天皇制国家体制の下でも、親鸞の著作の文章中に天皇制と齟齬するものがあるとして、しばしば問題にされた。そして第二次世界大戦下においては、聖典削除さえ行われた。このような事件は、親鸞における信心が、本来的に支配体制を超えてゆく革新的性格を有していることをよく現している。[17] 親鸞は「自信教人信」の生き方、自他ともに浄土を目指して生きるという姿勢において、自己自身の信心主体をかけて選びとるべき行為として、たくましい実践をすすめているが、信樂峻麿にとって親鸞における社会的実践の根拠は、まさしくここに見られるのである。[18]

石田慶和は、親鸞の思想における信心と現実の生活との関係が明らかにされていないという批判を一応認めるが、両者は無関係に断絶しているわけではないと論じている。確かに親鸞は、信心が日常生活にどのように現われるか、日常生活をどのように変えるかということは言っていない。しかし、親鸞の教えの独自性はそこにあるのではなく、信心による往生の決定において現実の生そのものに、それまでとは違った新たな宗教的生の場を開くというところにあるのである。即ち、信心獲得において、本願によって救われるという喜びを生ずるのであり、それは現実の生活に積極的な意味を与えるのである。[19]「社会的にも、個人的にもひとりでは担い得ない苦悩に直面した時、親鸞の教えが語りかけ、その人の心に光を点じ、その苦悩を克服することができるからこそ多くの人が帰依するのである」と石田慶和は言う。[20] 彼は、親鸞の思想が社会変革の方向を持っていないということを認めながら、親鸞の関心は、「人びとがいかに現実を変革してゆくということに指針を与えることではなく、自らのはからいをすてて本願力に帰し、それによって苦悩の生死海を出離する道を指し示すことであった」と主張する。[21]

〈注〉

(1) 『正像末和讃』(『定本』第2巻)、二〇九頁。
(2) 上田義文『親鸞の思想構造』、五九頁。
(3) 『末燈鈔』(『定本』第3巻)、一一二頁。
(4) 上田義文『親鸞の思想構造』、六一頁。
(5) 『歎異抄』(『定本』第4巻)、四頁。
(6) 同書、一一頁。
(7) 同書、三一頁。
(8) 『末燈鈔』(『定本』第3巻)、七二～七三頁。
(9) 桐溪順忍「信仰生活の倫理」(『親鸞大系』第12巻、法蔵館、一九九〇年、所収)、一三四～一三五頁。
(10) 上田義文『親鸞の思想構造』、五八～五九頁。なお、桐溪順忍「信仰生活の倫理」、一三六頁。
(11) 遊亀教授「念仏と実践」(『親鸞大系』第12巻、法蔵館、一九九〇年、所収)、二四六頁。

(12) 桐溪順忍「信仰生活の倫理」、一三五頁、一三九頁。
(13) 『末燈鈔』(『定本』第3巻)、一一七～一一八頁。
(14) 津田左右吉『文学に現はれたる国民思想の研究』全集第4巻、岩波書店、一九六三年、五八五頁。
(15) 加藤周一『日本文化史序説』、一七七頁。
(16) 信樂峻麿『親鸞における信の研究』下巻、五七六頁、五九一頁。
(17) 同書、五八二～五八三頁。
(18) 同書、五九一頁。
(19) 武内義範、石田慶和『浄土仏教の思想——親鸞』、第9巻、三五三～三五四頁。
(20) 同書、三九一頁。
(21) 同書、三九一～三九二頁。

第二部　キェルケゴールにおける信仰

第一章　キェルケゴールの生涯と思想

どのような思想家の思想も、広い意味においてはその思想家の人生から生まれてくるものであるが、多くの思想家の場合は、その人の人生体験を抜きにしてその思想だけを理解することができる。しかし、主体的思想家と呼ばれるキェルケゴールの場合は、その背後に彼の生涯を考えないと、その思想を十分に理解することができない。キェルケゴールの作品は、全てが謂わば彼の人生体験の表現であり、告白であると言うことができる。従って、彼の思想を理解するためには、彼が如何に生きたかを、即ち彼の生涯を知ることがどうしても必要である。キェルケゴールの生涯に決定的な影響を与えたのは、二人の人物であった。一人は年老いた父ミカエル・ペーザーセン・キェルケゴールであり、もう一人は若い婚約者レギーネ・オールセンである。この二人の人物を中心に据えながら、キェルケゴールの生涯と思想を考察してみたい。

父ミカエルは、一七五六年一二月一二日にデンマークの西部ユトランドのセディングに生まれた。当時この地は農耕すらできない程の荒野であり、辛うじて羊飼いが住まう程度であった。ミカエルの家族は貧しい農奴の出であり、彼は幼くして労働に従事し、その荒野で羊の番をしていた。当時は全デンマークに農奴制がしかれていたが、農奴の中でも最も貧しい農奴は、各教区の教会附属領地に住まわせられていた。そしてその教会附属の領地のことを「キェルケゴール」というので、そこに住んでいる人々のことを「キェルケゴールの人々」と呼んだ。ミカエルの両親家族はセディング教会の領地に住んでいた農奴だった。彼の姓 Kierkegaard はまさに、そこに発している。[1] ミカエルは一一歳になった時、貧困のため、家を出て他人の家で働かなければならなくなったので、毛織物を商っていた母方の叔父に引き取られ、コペンハーゲンに出ることになった。彼はまず奉公人として、次に職人として働いたが、二四歳でコペンハーゲンの市民権を獲得すると、毛織物商として独立した。その後デンマーク領の西インド諸島や東インド諸島との貿易にも従事して、巨万の富を蓄積するに到った。更に親戚の店の相続人にもなり、一七九九年のコペンハーゲンの大火にも彼の店は焼けなかったので、彼は若くして莫大な資産を有するようになった。[2]

一七九四年、彼は三八歳でクリスチーネ・ニールシダッダー・ロイエンという女性と結婚したが、この妻は、子供のできないままに二年も経たない内に肺炎で亡くなった。そしてこの時、不思議なことが起こった。四〇歳の若さで成功の絶頂にあったミカエルは、突然一切の事業から手を引いて隠退した。隠退の約二か月後に、それまで女中として働いていたアーネ・セエーヤンスダッダ・ルンと結婚したが、彼女は、結婚前に既にミカエルの子を宿していた。このことは、熱烈なキリスト者で道徳的に厳格な人であったミカエルの深い罪意識となって、その後の彼を生涯苦しめた。この罪意識は、同時にセーレン・キェルケゴールの悩みとなり、彼の生涯にも大きな影響を与えることになった。

第一節　キェルケゴールの抜き難い憂愁

セーレン・キェルケゴールは、一八一三年五月五日にコペンハーゲンで生まれた。七人兄弟の末子で、時に父ミカエルは五七歳、母アーネは四五歳であった。それ故キェルケゴールは、自分のことをよく年寄りっ子と称した。年寄りっ子のセーレンは、幼児期から虚弱だった。彼は早くからこのことを意識し、また生涯この意識を持ち続けた。彼の『日誌・遺稿集』には、それに関する記事が読まれる。

体はやせていて虚弱、他の人々と同じような一人前の人間となるには、殆どあらゆる点で、身体上の欠陥をもっている。また憂愁で心の病を持ち、いろいろな面で内部に深く出来損ないを抱えている。しかし、私にはたった一つのものだけが与えられている。それは、卓越した頭脳である。思うに、それは私が決して全くの無防備になってはならないためであろう。(3)

身体的に非常にか弱かったが、生来極めて機知に富んだ明るい少年であった。論争好きで、特に自分より大きな仲間には子供の頃から、容赦のない揶揄を為していたらしい。しかし、キェルケゴールの人生と思想に決定的影響を与えたのは虚弱体質よりも、むしろ彼の抜き難い憂愁であった。彼はこう書いている。「子供の時から私は並はずれて大きな憂愁の力に支配されていた」、また「私の生涯のどんな瞬間でも決して次のような信念から見棄てられなかった、即ち、自分はその欲することを為すことが出来る――唯一つの事だけは出来ない、それ以外では他の全ての事は絶対に出来る、だが唯一つの事だけはできない、私がその力に捕われていた憂愁を廃棄することはできない」とも書いている。(4) この憂愁はどういうものであるか、簡単には説明できないが、父から受け継いだもので、罪意識に関わるものであると言うことができよう。

一八二一年、八歳でラテン語学校に入学し、一八三〇年まで九年間ここで過ごした。この学校は非常に厳格な教育で知られていたが、セーレンは、ラテン語の素晴らしさと、厳粛な義務への意識と、鉄人のような意志の力とを教えてくれた校長を尊敬した。この学校の教育は彼の人間性と思想との発展の一つの重要な素地となった。しかし、セーレンの教育は学校に限られなかった。父ミカエルのセーレンに対する教育の影響は、文字通り決定的なものであった。キェルケゴールは著書『ヨハネス・クリマクス、またはすべてのものが疑われねばらぬ』の中で、過去を回想しつつその教育を陳述する。彼の家庭には気晴らしの機会が殆どなかったし、外出することも殆どなかった。父は厳格な人であったが、燃えるような想像力の持ち主で、それが年を取ってからも衰えなかった。セーレンが外出を願うと、父はそれを許さず、その代わりにセーレンの手をとって部屋のなかを散歩した。セーレンが何処かへ行きたいというと、二人は空想の中で門を出て、セーレンの望みのままに近くの城へ行ったり、海岸に出たり、町を歩きまわったりした。父は町や海岸で見るもの聞くものを、実際に見たり聞いたりしているように物語ってくれる。こうして半時間も部屋の中を散歩すれば、まるで一日中外に出て歩きまわったように疲れてしまうのであった。(5) このようにしてセーレンは、幼い頃から想像の楽しさを学び、たくましい想像力が養われた。

父ミカエルはセーレンの心に異常なまでの想像力を育んだが、彼の教育はただそれだけではなかった。父は色々な学問に、特に哲学に深い関心を持っていた。生来の卓越した頭脳と無限に奥深い精神とで、クリスチャン・ヴォルフの書物をはじめ、様々の哲学書、神学書を読んでいた。彼は他の人々と議論をするのが好きだったので、しばしば知名人を招いて、哲学や宗教上の問題を論じ合った。その論議をそばで聞かせることによって、父はセーレンに弁証法の能力を植え付けた。セーレンは、全身を耳にしてその議論に聞き入った。父は、いつもまず相手に全てを語らせた。そして自分の返答を始める前に、念のためもう言うことがないかどうかを尋ねた。少し間があき、父の反論が始まった。すると、またたく間にすべてが逆転してしまうのであった。どうしてそうなったのか、セーレンにとっては一つの謎であったが、しかし、彼はこのドラマを心から楽しんだ。相手は、また新たに意見を述べた。セーレンはいっそう緊張し、自分の心臓がどきどきするのを聞くことができるほどだった。

するとまた以前と同じことで、一瞬にして全てが逆転した。今まで明らかなものが不明となり、確かなものが疑わしくなり、矛盾が明るみに出てきた(6)。こうして、セーレン・キェルケゴールの卓越した豊かな想像力と鋭い弁証法という能力が、父によって育まれたのであった。

しかし、父ミカエルの教育が更にもう一つセーレンの心に消えがたい印象を刻み付けたものがあった。それは、キリスト教の信仰であった。父がセーレンにまず教え込んだのは、イエス・キリストの十字架の意義だった。この教育について、セーレン・キェルケゴールは次のように回想している。

嘗て一人の男があった。彼は子供の時キリスト教〔的宗教〕へ厳格に教育された。彼は子供達が普通聞く多くの事、即ち、小さい幼児のイエス、天使、及びそのようなもの、については聞いたことがなかった。これに反して、それだけ一層屢々彼の前に十字架に磔けられた者が示されていた、それでこの像は、彼が救い主について持っていた唯一つの像であり、また唯一つの印象であった。子供であるにも拘らず、彼は既に老人のように老いていた。かくしてこの像は一生涯を通じて彼に付き従った。彼は決して若くならなかった、そしてこの像から決して離れなかった(7)。

別の箇所にはこう書かれている。

子供の時に私はキリスト教へ厳格にそして真剣に教育された、人間並の言葉で言えば気狂いじみて教育された。つまり、既に最も早い少時に私は、私に印象を押付けた憂愁な老人が自らその印象のもとにくず折れたところの印象によって、緊張し過ぎていた——気狂いじみて、憂愁な老人であるように扮装させられた一人の子供。[8]

キェルケゴールが子供の時に刻み込まれたキリスト教の圧倒的な印象は、人間的に言えば自分を極めて不幸にしたが、彼はキリスト教と関係を絶つ或いは棄てることは決してしなかった。逆に、彼にとってキリスト教は弁護すべきものであった。「私の力を用いるということがまともに言えるようになった時以来、私はあらゆる事をキリスト教を弁護するために、或いはともかくキリスト教をその真の形姿において提示するために、用いることを堅く決心した。なぜなら、私の教育の助けで、既に非常に早くから私が確信することが出来るようにされていたのは、キリスト教がその真の形姿において提示されることが如何に稀であるか」を知っていたからである。[9]こうして父ミカエルはセーレンに印象づけたキリスト教の観念は、彼の生涯を通じて常に支配的体験として彼と共にあったのであり、自ら苦難に身を晒す運命へ踏み出させたとも言うことができる。

一八三〇年、キェルケゴールは一八歳でコペンハーゲン大学に入学した。一年目は、ギリシャ語、ラテン語、歴史、数学、物理学、哲学などの基礎的な学科を幅広く修め、それぞれに優秀な成績で合格して、翌一八三一年に大学の神学部に籍を置いた。それは、秀れた学才を具えた兄ペーターの後に続く道であった。そのころペーターは、他の学生たちよりも早く三年半という最短期間で課程を修了し、最優秀の成績で神学国家試験に合格した。そしてドイツに留学して博士学位論文に取り組んでいた。父は、同様の成功をセーレンに対しても期待していた。ところが彼の場合、事態は順調には運ばなかった。彼は、父の望みに反して神学の国家試験を放棄し、神学を離れて文学や哲学に向ったのである。この時期、彼は激しい精神的不安と動揺の状態にあったので、しばらくの間学業を全く打ち切ったのであった。一八三五年の夏の期間、彼は休養のために北シュランのギーレライエに旅をした。[10]この夏休みの旅行は、キェルケゴールにとって大きな意義を持っていた。今まで人生の中心点や焦点を定められなかった彼は、自らの使命を見出そうとしていた。八月一日付の『日誌・遺稿集』には、次のように書かれている。

私が本当に必要としていることは、私は何を為すべきかということについて、私自身がはっきりと自覚することであって、私は何を認識すべきか、ということではない。認識が、あらゆる行為に先行しなければならないことは論外として。私の使命を理解すること、神は本当に私が何を為すべきだと望んでおられるのか、これを知ることが問題なのだ。私にとって真理であるような真理を発見し、私がそれのために生きそして死にたいと思うようなイデーを見出すことが必要なのだ。いわゆる客観的真理を見出しても、それは私に何の役に立つだろう。哲学者達のうち立てた様々な体系を徹底的に研究し、求められた場合には、それらについて評論を書き、それぞれの体系の内部に見られる矛盾の諸点を指摘し得たとしても、それは私にとって何の役に立つだろう。（中略）キリスト教の意義を説明することができ、その沢山のこまごました問題を解明することができたとしても、そのキリスト教が、私自身と私の生活にとって、理論である以上のより深い意味をもたないとしたら、それが私にとって何の役に立つだろう。（中略）真理というものが私がそれを認めようが認めまいがそんなことは無関係に、信頼して身を委ねさせるよりも、むしろ不安にみちた戦慄を呼び起こしながら、冷たくそしてむき出しで私の前に立っているとしたら、そのような真理は私に何の役に立つだろう。勿論私は、認識の命令を承認すべきだということと、その命令を通じてこそ私は人々に働きかけることが出来るのだということを、否定しようとは思わない。しかしそうであるがためには、その命令が私の中に生き生きとして取り入れられてなければならない。私がいま最も重要なことだと思っているのは、それなのだ。[11]

この文章が、キェルケゴールの生涯を貫く原理となった思想への転換であったと言ってよいであろう。「私にとって真理であるような真理を発見し、私がそれのために生きそして死にたいと思うようなイデーを見出すことが必要なのだ」という言葉は、後年彼が発展した「主体性は真理である」という重要な命題につながる。キェルケゴールにとって、真理は単に外から冷ややかに認識されるだけのものではなく、全人格的に情熱をもって捉え、身を以って生きるというようなものでなければならないのである。主体性が真理であると言われるのは、そういう意味からである。

第二節　人生の大転換

ところが多分一八三五年の秋頃に、彼の生涯と思想を決定したもう一つの大転換が起こった。キェルケゴールが自ら「大地震」と呼んだこのことについて、彼は何ら具体的なことを述べずに、はっきりとしない言葉遣いで表現し、次のように述べている。

そのとき大地震が起こった。それは私を突如として一切の現象に対し、新しい誤ることのない解釈の法則を強制した恐るべき大変革だった。その時私は、父の高齢が神の祝福ではなく、神の呪いであり、私たちの家族の卓越した知的能力は、互いにしのぎを削り合うためにのみ存在しているのだということを感知した。そして私は、私の父の中に、私たちの誰よりも長く生きていなければならない一人の不幸な人間を、父のあらゆる希望の墓の上に立てられた十字架を見ることによって、私の周りを死のしじまがますます深く取り巻いてくるのを感じたのである。ある責めが、家族全体の上に覆いかぶさっているに違いない。神の罰が、家族全体の上に下されているに違いない。そして私たち家族は、消え失せてしまうのだ。神の全能の御手によって拭い去られ、一つの失敗した試みとして抹消されることだろう。そして私は、ただ時たま、父は宗教的慰めによって私達の心をしずめるという重い義務を担っていたのだと考えた[12]。

この「大地震」の内容が何なのか、それは何に由来するのか、という問題に関する確かなことは誰にもわからないが、その背景は推測される。この事件は父ミカエルの生涯と関わりがあり、キェルケゴールはその『日誌・遺稿集』の中で、父についてこう書いているからである。「その男にはこんな恐ろしいことがあった。それは、彼が少年だった頃のある日ユトランド荒野で羊の番をしていた時、非常に苦労し、飢えに苦しみ、疲れ果てて、丘の上に上がって神を呪ったというのだ――そしてその男は、八二歳になった時にも、それを忘れることができなかった[13]」。しかしそれだけで、キェルケゴールに「大地震」を引き起こす原因だとは考えがたい。今一つ言及されるべき事実がある。前述したように父ミカエルは一七九六年に先妻を失い、翌年女中であったアーネと結婚した。そして結婚後まだ五か月も立たない内に、最初の子供が生まれた。ということは、結婚以前に既に第二の妻との肉体的交渉があったということである。しかも、それは単なる過失ではなく、暴力によるものであった。彼はこの妻を通じて予想だにしなかった七人もの子供に恵まれ、しかもそのいずれもが、父親ゆずりの優秀な頭脳の持ち主ばかりであった。しかし、一八三四年末までには妻と七人の子供の内五人を失い、結局、年老いた父と長男ペーターと末子セーレンとの二人の息子のみが生き残った。キェルケゴールは、父が二人の妻と七人もうけた子供の内五人までも失うということについて、深く考えたに違いない。彼はこのことから、父のあの二つの罪への罰が家族全体の上に覆いかぶさっていると考えた。そして、父の罪を自分もそのままに受けていて、彼自身が罪の子であるということがはっきりと意識された[14]。キェルケゴールの全著作の基調を為している深い罪意識は、主としてこの体験に由来するとも言うことができる。

更に、この事件には一つの法則が表わされた。つまり、彼の亡くなった兄や姉たちの誰もが、三四歳以上は生きられなかったということを考えて、彼自身も三四歳の誕生日までは生きられないと確信したのであった。彼は三四歳の年齢に達した時、『日誌・遺稿集』にこう書き記した。「不思議なことだ、私が三四歳であるというのは。それは私にとって全く信じられない。私はこの誕生日以前に、あるいはこの日に死ぬものと固く信じていたので、私は自分の誕生日が間違って登録されたのであり、だからきっと三四歳になった日に死ぬだろうと実際思いたくなる程だ[15]」。「大地震」の体験の残した最大の影響は、死の意識をキェルケゴールの心に抜きがたく植え付けたことであった。彼はせいぜい三四歳までしか生きられないだろうと予想していたので、いつ襲ってくるか知らない死を意識して、生きていかなければならなかった。その結果、彼はせめて生命のある間にと、享楽生活を追い求めた。特に一八三六年から一八三八年にかけての時期は、ふしだらな生活に陥って「破滅の道」に踏み込んだ。父の家を出て、あれこれの仲間と付き合い、街を歩きまわり、劇場に姿を現したり、カフェーに出入りしたりした。また衣服や飲食に惜しげもなく金銭を使い、借金を重ね、父親に支払いを押し付けた。ある道徳的逸脱も体験した。これがどんなものであったかは明確に知られていないが、仲間に誘われて娼家を訪れたとも謂われている。しかし、ポウル・メラーという先生によって目覚めさせられ、やがて正道に引き戻されて、一八三八年五月一九日、「言い表し難い喜び」という深い宗教的体験をした。[16]その時父と和解したが、数か月後に全く予期に反して父が亡くなった。

私の父は、水曜日の夜半二時に亡くなった。私は、彼がもう数年生きていて欲しいと心から願っていたが、彼の死は、父の愛が私にもたらしてくれた最後の犠牲であると思っている。なぜなら、父は私から去って行ったのではなく、できれば私が何ものかに成ることが出来るように、私のために亡くなったのだから。[17]

キェルケゴールは、父の死を何かの犠牲のようなものとして受け止めた。こうして父の願いを満たすために、神学の卒業試験の準備に猛烈に取りかかった。そして一八四〇年七月、優秀な成績で神学部を卒業した。学生時代には、乱れた生活を送ることもあったが、キェルケゴールは文学や哲学の研究を忘れてはいなかった。強烈な知的関心を持って研究に没頭したのである。この神学研究の時期は、内面的及び外面的経験においても非常に豊かな期間であった。

第三節　婚約解消と著作活動

この時期に、またキェルケゴールの生涯と思想を決定する事件が起こった。それが、いわゆる「レギーネ事件」と呼ばれるものである。一八四〇年七月、キェルケゴールは卒業試験を終えてからユトランドの父の故郷の地セディングへ旅に出た。一種の霊場参りであった。八月、彼はコペンハーゲンに帰ってきた。そして九月、既に三年程前から恋をしていたレギーネ・オールセンと婚約した。ところが婚約のすぐ翌日に、彼は後悔したと述べている。「その次の日に、私は自分が間違えたことに気づいた。私のような懺悔者、私の過去の経歴（vita ante acta）、私の憂愁、それだけで充分であった」[18]。ほぼ一年後、次のような手紙を添えて、婚約指輪を送り返した。

どっちみち起こるに決まっている事を何回も試したりしないためです、そしてこれはもしそれが起こってしまえば必要な力が与えられるでしょう、だからそうします。とりわけこれを書いている者を忘れてください。何かなすところがあったとしても、一人の娘を幸福にすることが出来なかった人間を赦してください。絹の紐を送ることは、東洋ではそれを受けた者に対して死刑を意味しています。指環を送ることはこの場合にはそれを送った者に対して死刑となるでしょう。[19]

レギーネは、彼を取り戻そうとして精神を尽くして努力したので、婚約を最後的に解消するまでには、更に二か月が経過した。その間、彼は無能な人間であり、「詐欺師」であると彼女に信じ込ませようとした。これは彼女を遠ざけて、他の誰かと結婚させるためであった。婚約解消は、キェルケゴールにとって激しい苦しみとなった。彼は婚約したことを後悔し、この後悔に悩みつづけたが、婚約解消に対しては、むしろ正しい選択として考えつづけた。(20) キェルケゴールが何故婚約を解消したのかという問題については、色々な理由が挙げられるが、最も重要なのは、彼の「過去の経歴」、自分の底知れぬ憂愁のために結婚が不可能だと感じたということであろう。『日誌・遺稿集』の中では、その理由についてこう述べられている。

もし私が私の将来の妻として彼女を私自身以上に尊敬していたのでなかったら、もし私が彼女の名誉に私の名誉以上に誇りをもっていたのでなかったら、私は黙って彼女と私の願いを満たし、彼女と結婚したことだろう。この世の中には、わずかな経歴をさえ押し隠して行われる結婚が実に多い。しかし、それは私の欲することではなかった。それでは、彼女を私の妾にしたことになるであろう、そうなるくらいなら、私はむしろ彼女を殺したであろう。だが、もし私のことを打ち明けなければならなかったとすれば、私は、最も恐ろしい事柄の数々を、すなわち、私と父の関係、彼の憂愁、私の内部に奥深く立ちこめている永遠の夜、私の過失と情欲、私の放蕩などを彼女に明かさなければならなかったであろう。[21]

キェルケゴールは婚約を解消したが、レギーネを最後まで愛し続けた。彼の遺言状には、自分の遺す僅かな財産の一切が無条件でレギーネに相続されるのが自分の意志であること、また自分にとっては婚約は結婚と同じ義務を持つものと考えるから、自分の遺産は彼女と結婚した場合と同じように彼女に帰すべきものであることなど、このようなことが書き残されていた。[22] この婚約事件は、キェルケゴールの生涯と思想に決定的転換を呼び起こして、彼のたくましい著作活動の一つの原動力となった。『あれか―これか』、『反復』、『恐れとおののき』、『不安の概念』、『人生行路の諸段階』などの作品は、みなこの事件及び先に述べた「大地震」の体験と密接な関係がある。この二つの体験を抜きにして、彼の生涯と思想を充分に理解することはできない。

第四節　コルセール事件と教会との闘争

キェルケゴールの著作活動は、当時の文学界に大きなセンセーションを引き起こしたが、痛烈な批判を受けたこともあった。一八四五年の秋に美学年報『ゲア』にP・L・メラーの論説が発表され、その中でキェルケゴールの『人生行路の諸段階』の第三部「責めありや？―責めなきや？」が取り上げられ、メラーの冷嘲の対象となった。キェルケゴールは自分の人生を「解剖室」のように見做し、そして自分自身を「死体」のように見做していると共に、レギーネを公衆の前で生きたままのように解剖し、事件の名のもとに彼女の魂を小刻みに苦しめたとメラーが辛辣に批判した。この卑劣な批判に対してキェルケゴールは直ちに有名な日刊紙「祖国」に論説を掲げ、反撃した。

どうか早く私も『コルセール』に取り上げてもらいたいものだ。哀れな一人の作家にとって、自分（我々仮名の著者たちがただ一人だと仮定してのことだが）が、そこでののしられない唯一の作家としてデンマーク文学界で名を指摘されるのは、まことにつらいことだ。……聖霊のあるところには教会があり、P・L・メラーのいるところには『コルセール』があるからだ(23)。

キェルケゴールの要望に応じて、「コルセール紙」は数か月に渡ってキェルケゴールを著作家として一私人として失脚させる漫画入りの嘲笑記事を掲載した。キェルケゴールは街を散歩して一般の人々と会話を交わすのはとても好きだったが、今や公衆の悪意のある目や嘲笑を感ずることなしには、街を歩くこともできなかった。教会の人々でさえ「コルセール紙」と戦うためにキェルケゴールを助けに来てくれなかった。「コルセール」事件として知られているこの出来事はキェルケゴールの運命の上に重大な影響をもたらし、彼の生涯の一つの転機となった。キェルケゴールはひと頃著作活動から身を引いて、田舎の牧師になろうと考えていたが、「コルセール紙」との闘争を通して自分が宗教的著作家であるという意識は深まり、それ以降の彼の思想を当時のキリスト教界に対して益々論争的な方向に向けることになる。ただ一人で大衆と対立して立たされたキェルケゴールは厳格なキリスト教的理念を抱き、真のキリスト教は大衆の宗教ではあり得ず、キリスト者となるためには、ただ一人で神の前で立って、単独な人間となると同時に、外部からの迫害を覚悟しなければならないと、繰り返し強調した。それまでキェルケゴールは宗教的な内面性を問題にしてきたが、今や、真の内面性はその反対のものと対決していく行為によって表現されるべき、と考えるに至った。積極的な著作活動に踏み出したキェルケゴールは、一八四七年から一八五〇年にかけて、『死に至る病』、『キリスト教の修練』、『愛の業』などの宗教的名作を著し、これらの著作で描かれているキリスト教理想像から虚偽と欺瞞に満ちた当時のキリスト教界を批判した。数年後にこの批判は国教会に対する攻撃となったのである。一八五四年、国教会の監督ミュンスターが死に、神学教授マルテンセンが追悼説教を行った。この説教は後間もなく出版されたが、そこにおいてマルテンセンは、ミュンスターを「聖なる鎖のように、使徒の時代から代々経てのびている、真理の証人」と称賛した。(24) キェルケゴールは「祖国」紙上に掲げられた論説において激しい言葉で異議を唱え、真理の証人というのはその生涯が最初から最後まで無条件に教えのために苦しむことであり、この世のありとあらゆる幸福と恩恵を享受することではないと辛辣に批判した。一八五五年五月にキェルケゴール自身が発行し始めた「瞬間」紙に国教会に対する激烈な攻撃は続けたが、自分の生命を賭して戦ったキェルケゴールは一〇月に路上で意識を失って倒れ、フレデリクス病院に運ばれた。一一月一一日、臨終に牧師から聖餐を受けることを拒んで、永遠の眠りについた。

〈注〉

(1) 大谷愛人『キルケゴール青年時代の研究』勁草書房、一九六八年、四二一頁。
(2) 同書、四三〇頁。
(3) JP6, 6890. なお、「どんな事にも進んで加わることが出来、体力があり、わだかまりを知らない健康で強い人間であること、ああ、むかし、私は、そのような人間になりたいと、何としばしば考えたことだろう。青年の時代を通じ、そのことへの私の心痛は恐るべきものだった」。JP6, 6170.
(4) 『我が著作＝活動に対する視点』(大谷長訳『キェルケゴール著作全集』第14巻、創言社、一九九八年)、四〇三頁、四〇四頁(PV, 79, 81)。
(5) 『ヨハンネス・クリマクス　またはすべてのものが疑われねばらぬ』(北田勝己訳『キルケゴールの講話・遺稿集』第8巻、新地書房、一九八〇年)、一〇九～一一〇頁(JC, 120)。
(6) 同書、一一一頁(JC, 121-122)。
(7) 『二つの倫理的―宗教的小＝論文』(大谷長訳『キェルケゴール著作全集』第12巻、創言社、一九九〇年)、一〇一頁(WA, 55)。
(8) 『我が著作＝活動に対する視点』、四〇三頁(PV, 79)。
(9) 同書、四〇三～四〇四頁(PV, 80)。
(10) F・ブラント(北田勝己・多美訳)『キェルケゴールの生涯と作品』法律文化社、一九九一年、八頁。
(11) JP5, 5100.
(12) JP5, 5430.

(13) JP5, 5874.
(14) JP6, 6969.
(15) JP5, 5998.
(16) JP5, 5324.
(17) JP5, 5335.
(18) JP6, 6472.
(19) 『人生行路の諸段階』（山木邦子・大谷長訳『キェルケゴール著作全集』第5巻、創言社、一九九七年）、二二九～二三〇頁（SLW, 329-330）。
(20) JP5, 5664.
(21) JP5, 5644.
(22) LD, 33.
(23) COR, 46.
(24) Joakim Garff, *Søren Kierkegaard : A Biography*.（Princeton : Princeton University Press, 2000）, 729.

第二章　信仰という概念

第一部の第二章では、仏教の伝統における信は智慧と結びつけられ解脱に至るための第一歩であると指摘した。宗教実践は信に始まって智慧に終わるという過程にあるから、信の立場は明らかに智慧の立場より劣っていると見做される。浄土思想は智慧よりむしろ信を中心とするが、一般の仏教と同様に、そこにおいても信は智慧と密接な関係にあり知性的性格を持つ概念である。この点でキリスト教におけるような神を絶対者として仰ぐ志向的な信仰とは異なっている。信仰とは、神とその神を信ずる人との人格的関係であるから、知性や認識のみならず、意志、希望、愛の行為を包括するものである。仏より回向された信と同様に、信仰は基本的に神の賜物であるが、神の呼びかけに対する人間の答えでもある。聖書においては、神が歴史の中で実現してゆく計画に、人間は信仰によって応えなければならないのである。キェルケゴールの思想について論考する前に、まず聖書における信仰の概念について考察しておこう。

第一節　聖書における信仰の性格

旧約聖書においては、「信仰」を表すヘブライ語は多種多様である。「信仰」を意味する種々の用語の中で、二つの単語が特によく用いられている。それは、堅固・確実を暗示する aman と、安心・信頼を連想させる batah である。「信仰」とはその語義からすれば、誠実である神に全人格を投じて帰依する信頼を意味するのである。[1]

新約聖書においては「信仰」「信じる」に当たるギリシャ語は pistis, pisteuo で、信頼、誠実、任せる、委ねるということを意味し、二四〇回以上使用されている。信仰の対象は、神、神の言葉、イエス・キリストである。しかし、神の人間に対する働きはイエス・キリストによって為されているので、信仰の対象は神よりもイエス・キリストの方がはるかに多い。ただ注意すべきことは、神への信仰とキリストへの信仰とが別事ではなく、キリストを信じることは、同時に神を信じることになるのである。このようにイエスへの信仰は異なる神的存在への信仰ではなく、神のみがイエスにおいて救いをもたらすはたらきを為し、自己を啓示したことを信じることである。神またはキリストを対象としないで、「信仰」という言葉だけで使用されている場合も少なくない。その一例として、パウロのコリントの信徒への手紙に「目に見えるものによらず、信仰によって歩んでいる」（Ⅱコリント５：７）

がある。ここで言う「見えるもの」は人間の経験ないし理性による判断であって、従って「信仰」はそのような判断を超えた人間精神の働きである確信、希望ということになる。[2]

信仰は、聞くことと密接に関係している。「信仰は聞くことにより、しかも、キリストの言葉を聞くによって始まるのです」（ローマ 10：17）。聖書の用語法では、聞くことは、従うこととほとんど同義的である。それ故信仰とは、宣べ伝えられたキリストの言葉を聞き従うことそのものである。イエス自身も、自分の言葉を聞くことについて語っている。「わたしのこれらの言葉を聞いて行う者は皆、岩の上に自分の家を建てた賢い人に似ている」（マタイ 7：24）、「幸いなのは神の言葉を聞き、それを守る人である」（ルカ 11：28）、「わたしの言葉を聞いて、わたしをお遣わしになった方を信じる者は、永遠の命を得る」（ヨハネ 5：24）などと。「聞くこと」は、「悟ること」と「従うこと」の両方を含んでいるのである。それ故信仰は、人格的決断、信頼、関与、従順を要求する。聞くことも信じることも互いに結合されているように、見ることも信じることも互いに結合されている。「子を見て信じる者が皆永遠の命を得る」（ヨハネ 6：40）。ここでは「見る」ということは、一般的感覚的な認知ではなく、感覚的には見ることのできない事実の内面的認知である。と言うのも、歴史的イエスは神の子であるということが直接に見えるものではないからである。しかも「見ること」の主体は、単に信じた同時代者（最初の弟子）ばかりではなく、全ての時代の信仰者なのである。何故なら、啓示者は、単にかつて受肉者であっただけでなく、何時までも受肉者であり続けるからである。[3]

見ることとは、信仰に固有の認識なのである。そこで「見る」と「知る」とは、お互いに結び付けられている。信仰は認識する信仰である場合にのみ、真の信仰なのである。信仰者がイエスの「言葉」に忠実に「とどまる」ならば、その時彼らに真理の認識が約束されている。「わたしの言葉にとどまるならば（中略）あなたたちは真理を知る」（ヨハネ 8：31）。このような言葉から見て、認識が信仰を超えて先へ進むものであるという考えを暗示しているように見えるかもしれない。しかし、それは誤解であろう。信仰と認識とが、その対象という点から見て区別できる二つの異なった行為ではないということは明らかである。「あなたこそ神の聖者であると、わたしたちは信じ、また知っています」（ヨハネ 6：29）。信仰と認識とが、二つの異なった行為ではないということは、この順序が逆にもなり得るということから明らかに示されている。「わたしたちは、わたしたちに対する神の愛を知り、また信じています」（Ⅰヨハネ 4：16）。従って、「信じること」と「知ること」とは、キリスト教団の中に信仰者と知識者というようなグノーシス風の順位が存在しないし、段階として区別されることはできない。信仰は決して、初めに教義の受容があって、その後にやがて秘教的な知識或いは神秘的直観の開示がもたらされるというようなものではない。そうではなく、信仰はすべてなのである。認識は信仰から解放されることも、信仰を超えてさまよい出ることもできない。認識は信仰の構成要素なのである。(4)

信仰は服従であると同時に信頼でもある。信仰は神信頼であるが、しかしそれは一般的な神信頼ではなく、キリストにおける神の救いのわざに基礎を置く信頼なのである。神がキリストの十字架においてただ一度だけ救いのわざを行ったのであるから、人間からの応答は、その救いのわざの従順な受け入れ、神の恵みへの信頼、受け取った賜物の中で生きること以外のものではあり得ない。(5) 徹底的な意味での神への信頼は、人間が自分自身を神にまったく委ねる献身であり、キリスト教的存在全体の特徴である。

信仰の対象が、キリストにおける神の救いのわざに関わっている以上、信仰はまた告白でもある。「告白する」と「信じる」とは、次の句のように互いに対応し合っている。「口でイエスは主であると公に言い表し、心で神がイエスを死者の中から復活させられたと信じるなら、あなたは救われるからです」(ローマ10：9)。従って、信仰は一般的な意味での「敬虔」或いは心の態度ではなく、むしろそれは、ある言葉の受容なのである。つまり福音の言葉を聞いてそれを受け入れることである。その意味において、信仰は聞くことによって生まれるものである。しかし、福音の言葉は史的な事件についての報告でもなければ、また客観的事実についての教えでもない。それはケリュグマであり、神からの語りかけであり、神の恵みの行為そのものなのである。この言葉において出会う、神の恵みへの関係においてのみ、本当の信仰なのである。(6)

第二節　信仰と希望

信仰は同時に希望でもある。つまり、信仰は、決して完結的な人間の態度ではなく、将来へと向かうものなのである。確かに信仰者は、既に「救われた者」と呼ばれている。しかしこの救いの現在性は、時間的なものとして過ぎ去り行くような状態はなく、終末論的現在性なのである。これは、既に実現されたものであると同時に未来のものとして信仰者の前に立っているのである。その意味で信仰者の存在は、「既に」と「未だ」との緊張を孕んでいる。この「既に」と「未だ」との緊張関係は、キリスト教特有の希望の捉え方である。従って希望とは、目に見えない未来へと開かれて在ることなのである。「わたしたちは、このような希望によって救われているのです。見えるものに対する希望は希望ではありません。現に見ているものをだれがなお望むでしょうか。わたしたちは、目に見えないものを望んでいるから、忍耐して待ち望むのです」（ローマ 8：24）。信仰者は、人間的に見れば望むべき何ものもないところで、なお望むのである。この点で、希望は信仰と並んで一つの統一体に結ばれている。(7)

希望としての信仰は、恐れという要素を含むのである。人間がこの世に生きている限り、その存在は絶えず脅かされ誘惑される存在であるから、恐れが伴うのである。恐れは、信仰者の目をしっかりと神の方に向けさせるのであり、その限りで、それは信仰の不可欠の構成要素である。「恐れおののきつつも、自分の救いを達成するように努めなさい。あなたがたの内に働いて、御心のままに望ませ、行わせておられるのは神であるからです」（フィリピ　2：13）。しかし希望と恐れが等しく信仰の構造に属しているからといって、それはキリスト者の存在が、希望と恐れとの間の動揺だという意味ではない(8)。信仰の存在は完全なものではなく、絶えず新しく追い求めねばならない故に、基本的に希望である信仰においては必然的に恐れが現われるのである。信仰のこのような性格を、パウロは次のように述べている。「わたしは既にそれを得たというわけではなく、既に完全な者となっているわけでも在りません。何とかして捕えようと努めているのです。自分がキリスト・イエスに捕えられているからです。兄弟たちよ、私自身は既に捕えたとは思っていません。なすべきことはただ一つ、後ろのものを忘れ、前のものに全身を向けつつ、神がキリスト・イエスによって上へ召して、お与えになる賞をえるために、目標を目指してひたすら走ることです」（フィリピ　3：12―14）。即ち信仰は神の恵みを受け取ることであって、人間が自由に処理できる安定した所有物ではないため、信仰においては弱さ、成長ということも存在する。その限りでは、信仰者の生き方は絶えざる運動である。

第三節　信仰と行い

キリスト教の信仰には、更に「義化」という重要な問題がある。これが、ローマ書簡の主要テーマの一つである。「人が義とされるのは律法の行いによるのではなく、信仰による」（ローマ 3：28）。即ち、人が神から「義とされ」救われるのは律法を行うからではなく、信仰によってである。救いの源は、人間のわざではなく、神の恵みであると、パウロは主張している。「義化」に関するこのパウロの教えは、行いと結びつく信仰を特に強調するヤコブ書と矛盾しているように見える。「わたしの兄弟たち、自分は信仰をもっていると言うものがいても、行いが伴わなければ、何の役にたつでしょうか。そのような信仰が、彼を救うことができるでしょうか。（中略）行いが伴わないなら、信仰はそれだけでは死んだものです」（ヤコブ 2：14－17）。しかしながら、この対立は実質的というよりも表面的である。何故ならヤコブとパウロは、明らかに「信仰」とか「行い」とかいう言葉で同じことを意味しているのではないからである。ヤコブにおいては「信仰」という言葉が意味していることは、「神はひとりである」というような命題に、単に知的に同意することであると理解されているのであり、イエス・キリストに対する完全な信頼や従順というパウロ的意味での信仰が考えられてはいない。更にヤコブとパウロは、「行い」という言葉で異なる事柄を意味している。ヤコブは困っている人々に対する憐れみと親切な行為、即ちキリスト者による慈善を意味している。パウロは「律法のわざ」、即ち功績を獲得するために行われた宗教儀式上のまた道徳上の、律法に順応するという外形的諸行為を意味している。それゆえパウロは、ヤコブが神はひとりであるということを否定しようとしていないように、慈善のわざを軽く見ようとしているのではない。ヤコブは「行いが伴わないなら、信仰はそれだけでは死んだものです」と言っているが、パウロにとっても、信仰は聖霊によるキリストとの一致であるから、当然愛の実践を伴うものである。「イエスに結ばれていれば、割礼の有無は問題ではなく、愛の実践を伴う信仰こそ大切です」（ガラテヤ 5：6）。従って両者とも、信仰を行いに取り替えられるものとして歪めてはならないことと、行いは信仰を表わすために必要不可欠であることとを強調しているのである。(9) イエスを信じることは、十字架におけるイエスの愛に身を以って従うことであって、ただ口先だけに終わってはならないのである。信仰は実を実らせるものでなければならず、人生を変えないような信仰は、本当の信仰ではないのである。

信仰は必然的に人間の決断と応答を包含しているにも拘らず、新約聖書は、信仰を神からの賜物と考えている。信仰は神の呼びかけに対する人間の答えであるが、その応答は神の呼びかけのはたらきによって生じるものである。神は、ご自分の要求する信仰を自ら与える。「あなたがたは、恵みにより、信仰によって救われました。このことは、自らの力によるのではなく、神の賜物です」（エフェソ 2：8）。信仰の起る可能性を造り出すのは、キリストにおける神の働きである故に、信仰は恵みの賜物である。しかし、このことは、人間の決断の重要性を軽減するものではない。神は人間を、責任を負うべき存在、即ち救いへの招きを受けることも、拒否することも自由にできる存在として取り扱っておられる。神は人間に語りかけ、それに対する人間側からの決断は信仰の応答である。従って、信仰は基本的に神からの賜物であるが、それは拒絶されうる賜物でもある。というのは、神はご自身を、我々に無理に押しつけようとはなさらないからである。この点で信仰は、特別な瞬間に、一度限り確立されたとか到達したというものではなく、たゆまず励むことによって維持されなければならない関係なのである[10]。

以上の検討で明らかなように、聖書における信仰は、自らの行為によって御自身を啓示される神の現実、力、そして愛に対する確信に満ちた、従順なる信頼のことであり、また人間存在の全体、即ち感情、意志、希望、愛の行為をも包括するものである。

〈注〉

（1）Xavier Leon-Dufor, *Vocubulaire de Theologie Biblique* (Paris : Les Editions du Cerfe, 1962), 389. なお、旧約聖書における信仰を意味する種々の用語についての詳細な説明は、次の書に見出される。Rudolf Bultmann and Artur Weiser, *Faith* (London : Adam & Charles Black, 1961), 1-31.

（2）『新聖書大辞典』キリスト新聞社、一九七一年、七一九頁。なお、『旧約新約聖書大事典』教文館、一九九〇年、六二二頁。

（3）R・ブルトマン『新約聖書神学Ⅱ』（川端純四郎訳『ブルトマン著作集』第4巻、新教出版社、一九八〇年）、三三四～三三六頁。
（4）同書、三三六～三三八頁。
（5）『ギリシャ語新約聖書釈義辞典』第3巻、教文館、一九九五年、一一五頁。
（6）ブルトマン『新約聖書神学Ⅱ』一八九～一九〇頁。
（7）同書、一九一～一九二頁。
（8）同書、一九三～一九五頁。
（9）Alan Richardson, *An Introduction to the Theology of the New Testament*（London: SCM Press, 1958）, 240–241.（渡辺英俊、土戸清共訳）『新約聖書神学概論』日本基督教団出版部、一九六七年、三九八～三九九頁。
（10）Richardson, *Theology of the New Testament*, 30–31.『新約聖書神学概論』、四六頁。

第三章　罪の意識と信仰

親鸞の思想においては、既に論述したように、悪が人間存在そのものであり、必然的に生ずるものである。本章で考察されるキェルケゴールの思想における罪は、人間存在そのものにおいて必然的に起こるものでもなく、自由意志によって生ずるものである。悪と罪の内容に関しては根本的な相違があるが、両者の思想において、悪の自覚・罪の意識、信心・信仰はそれぞれに不可分の関係にある。即ち、悪の自覚・罪の意識を媒介としてのみ、信心を獲得し、信仰を得ることができるのである。

キェルケゴールの思想においては、罪の概念は信仰の概念と並んで、中心的主題である。彼によれば、罪の意識は信仰者となるための必須条件である。「何人も罪人となることなくしては神を心のうちにとらえることはできない[1]」。人間は、罪の意識を通してのみキリスト教に結び付けられることができ、それ以外の他の理由でキリスト者になろうと望むことは狂気であると、彼は強調する。

キリスト教はこのような仕方で提示されるべきである。もし人間をかりたてるものが罪の意識でないならば、たとえ彼がキリスト教との関係に入るとしても、彼は狂気であるにちがいない。人は最も強い願望を満たすものとして、キリスト教を考えるような、甘えたたわごとをすべて止めなければならない。否、不安な良心の苦闘と苦悩のみが、人間が敢然とキリスト教と関わるのを助けうるのである。(2)

このように説くキェルケゴールにとって、人間の罪の意識はキリスト教の絶対的前提であり、必要不可欠である。では、如何にして人は罪の意識に到達するのだろうか。罪の意識は非常に個人的なものであるから、他人の罪に対する関係によって自分の罪を規定することができない。人は神の前にただ一人になる時に罪人になるのだと、キェルケゴールは言う。「人間は、自分が罪人であるということを知るにいたるとするなら、それはまさに彼がひとりになること、彼が、まさに彼が、神聖なお方を相手にただひとりになることによるのである(3)」。即ち、神の前にある自己を意識するということにおいて罪が成立するのである。そしてこの罪の意識は、苦悩において表現される。「苦悩が深まれば深まるほど、ますます罪の力は深く理解される(4)」。人間は、苦悩の中で自己を無だと感じ、無以下のように感ずるが、この自己自覚は、苦悩する人が、神を知り始めたというしるしである。(5)

第一節　絶望は罪である

キェルケゴールは、神の前で成立する罪を、更に絶望として規定する。「罪とは、神の前で、あるいは、神の観念を抱きつつ、絶望して自己自身であろうと欲しないこと、ないしは、絶望して自己自身であろうと欲することである」[6]。絶望が罪であると言われる場合、特に神の観念を抱きつつ、あるいは神の前で、という点に重点が置かれている。絶望は罪であるという規定を理解するために、絶望という概念を明らかにする必要がある。キェルケゴールは人間を、精神による心的なものと肉体的なものとの総合として規定するが、人間は総合のこの二項に即して、更に無限性と有限性、永遠なるものと時間的なるもの、自由と必然との総合であると言われ、その総合のあり方が「精神」と呼ばれる。精神とは何であるかと言えば、「精神とは自己である。では、自己とは何であるか？　自己とはそれ自らに関係するところの、一つの関係である。あるいは、関係において、関係がそれ自らに関係するという形での関係である。自己は関係ではなく、関係がそれ自らに関係するということである」[7]。しかし、精神とか自己は、固定したものあるいは実体的なものではなく、動的なものである。即ち自己は二項間の関係から成り立つ一つの総合であるが、それが可能的な自己に過ぎない。「自己は、それが現存しているあらゆる瞬間に生成の内にある、なぜなら、自己は、可能的な自己として、現実に現存するのではなく、ただ生成すべきものだからである」[8]。

この自己は自分で措定したものではなく、他者（神）によって措定された派生的な自己である。人間の自己は派生的に想定されたものである故に、それ自らに関係すると同時に、他者に関係する関係となる[9]。それで自己自身になることは、神への関係を通してのみ実現される。だが、精神としての自己は、無限性と有限性、永遠性と時間性、自由と必然性との総合であるから、絶望が生じ得るのである。

もし人間が時間的なものと永遠なものによって、合成されていなかったら、彼は絶望などできないであろう。かくして、人間における絶望は時間的なものと永遠なものにおける不均衡であるが、その時間的なもの、永遠なものから、人間本性は合成されているのである——ただし、神の御手によって正しい関係として。それでは、不均衡は何処からくるのか。この関係を妨害する人間自身からであり、そのことが絶望することなのだ。しかし、これは如何にして可能なのか。全く簡単である。永遠なものと時間的なものの合成において、人間は一つの関係であり、この関係において自己自身であり、自己自身に関係するのである。神は人間を関係として創った。人間であることは関係であることである。しかし、神が謂わば、それを自らの御手から手放すというまさにそのことによって、或いは、神が謂わば、それを手放すまさにその瞬間に、自己自身である関係はそれ自らに関係するのであり、——この関係が同じ瞬間に不均衡となり得るのである。絶望することは不均衡が生ずるということなのである。[10]

絶望は総合が自己自身へ関係する関係であるところから生ずる不均衡であるが、それはおのずからそうなるものではない。総合が神の御手によって根源的に正しい関係に置かれているから、絶望するその責任は、人間のもとにある。絶望は総合の関係における不均衡であるが、総合それ自体は不均衡ではない。それは単にその可能性に過ぎないのであり、人間の自由意志によって現実化される。そして、この絶望こそが罪である。何故なら、人間は神の前なる存在であり、絶望が人間をして神の前に否定的に立たしめるから。その意味で、罪は神に対する反抗であり、不従順である。罪は、「自己が神観念をもちながら、しかも神が欲するようには欲せず、従って不従順である」[11]。即ち罪は、人間が神によって措定された自己になることを否定し、本来的自己であろうと欲しないことである。人間は、神に対して反抗することによって、分裂したままの自己であろうと欲するのである。

第二節　罪が意志の内にある

キェルケゴールはこのようにして、罪が認識ではなく、意志の内にあると主張する。換言すれば、罪は、弱さ、感性、有限性、無知という消極的なものではなく、積極的なものである[12]。罪が神の前で起こることには、積極性がある。キリスト教とソクラテス或いはギリシャ哲学との間には、この点で著しい相違が見出されるとキェルケゴールは言う。ソクラテスの場合、罪は根本的に無知であり、認識の問題になる。だれかが正しいことを為さないなら、彼はそれを理解していなかったからである。しかしキェルケゴールによれば、もし罪が無知であるならば、罪は全く存在しないことになる。何故なら、罪は意識だというのであるから。キリスト教の立場からすれば、このギリシャ的見解には、罪を規定する意志という要素が欠けている。ギリシャ的精神は、人が善を知りつつそれを為さず、正しいことを知りながら不正を為し得るという意志の問題に言及しなかった[13]。キリスト教はまさに罪に対する意志を問題にするのである。即ち「罪とは、人間が正しいことを理解していないという点にあるのではなく、人間がそれを理解しようと欲しない点に、正しいことを欲しない点にあるのである」[14]。あることを理解したということから、それを行うということへの移行が必然的に起こるのではない。観念の世界においては、理解することから行為への移行は何の困難もない必然である。しかし現実の世界においては、理解したということから為すということへの移行は必然的に起こるのではなく、自由意志によって実現されるのである[15]。

意志の内にある罪は部分的に規定されるのではなく、全体的に規定されるのである。罪の意識は、個々の行為に対する個別的罪の意識ではなく、全体的な罪の意識である。キェルケゴールによれば、罪の全体性はその部分に先立つのである。「罪の内なる状態は、最深の意味で罪であり、個々の罪は罪の継続ではなく、罪の継続の表われなのである。個々の新たな罪においては、罪の進行がただ感覚的により認めやすいということにすぎないのである」[16]。罪の連続性こそが本来の罪である。従って罪の増大は、個々の新たな罪行為の増加だけに罪の増大が見做されるのではなく、人が罪の内にいる状態から抜け出ていない各瞬間ごとに罪は増大し、個々の罪よりも悪しき罪となる。そして罪の内なる状態の根拠は、罪がそれ自身の奥深くに一貫性を持っているところにあると、キェルケゴールは指摘する[17]。しかし彼によれば、たいていの人間は、自己自身についての意識をあまりにも少ししか持たずに生活しているので、一貫性とは何かについての観念に乏しい。直接的な、或いは子供じみたこうした人間は、失うべき何らかの全体を持たないから、彼らの間では、常にただ個々の事柄、個々の善行、個々の罪だけが語られるに過ぎないのである。それに対して、自分の内に一貫性を持っている人、或いは善の一貫性を自分の生活の場としている信仰者は、最小の罪でも、それを無限に恐れるのである。何故なら彼は、罪によって自分の生命としている全体から切り離され、善なるものの一貫性を喪失するのであるから[18]。

罪は、概念的に把握されることができない。罪が何であるかが明らかにされるためには神からの啓示が必要であり、それは信じられなければならない。「罪がいかに深く巣を喰っているかを人間に明らかにするためには、神からの啓示がなければならない」[19]。罪は啓示の光における真実の解明と解決であるがゆえに、如何なる学問によっても取扱われることができない。しかし、人間の本性の内に潜んでいる罪を可能にするようなものは、心理学の対象でもある。キェルケゴールは、罪を可能にするものを不安として規定し、罪と不安を連関させ、何故アダムは最初の罪を犯したか、どのようにして堕罪が起ったのかを解明しようとする。ここで注意すべきことは、心理学が説明しうるのは、「いかにして罪が生ずるかということであって、罪が生ずるということではない[20]」。

第三節　原罪と各個人の最初の罪

キェルケゴールは、原罪というキリスト教の教義を容認する一方で、原罪の概念に関する伝統的解決の試みを批判し、彼独自の解釈を提起する。在来の教義、特にカトリックの神学においては、アダムの最初の罪と人類堕罪という概念とが同一化され、それを解明するために、アダムが「神から与えられた超自然的で嘆賞すべき賜物」を失ったという空想的な前提が、原罪の概念に持ち込まれ、そうした前提の喪失によって人類堕罪という結果が生じたと考えられている。プロテスタンティズムは、堕罪以前のアダムにおける超自然的賜物という前提を退けるが、原罪の結果として自由意志を持たない腐敗した人間性という概念を採り入れた。即ち人間の罪とその自然的本性とを同一視され、罪は人間実体のようなものとなってしまう。キェルケゴールによれば、これらの教義はいずれも原罪の説明にならない。と言うのも、アダムの最初の罪と各個人の最初の罪は質的に異なるものになり、それによってアダムは人類の歴史の外に空想的に置き去りにされてしまうからである[21]。プロテスタンティズムの場合は、原罪の結果人間の本性が変革し、罪を犯す傾向が生じたと仮定されると、罪に対する個人の責任が薄れることになる。後の個人とは別の状態をアダムに仮定するこの伝統的な解釈に対して、キェルケゴールは、アダムにも後の個人にも類似した無垢の状態が存在し、アダムと各人の最初の罪によってそれが失われると主張する。

アダムが責めによって無垢を失ったように、そのような仕方でそれぞれの人間がそれを失うのである。彼がそれを失ったのが責めを通じてでなかったなら、彼が失ったのはまた無垢ではなかっただろう。そしてもし彼が責めある者となる前に無垢でなかったなら、彼は決して責めある者とはならなかった[22]。

キェルケゴールは、アダムの罪は最初の罪であるが、それは量的な意味での第一の罪ということではなく、質的意味での罪であり、原罪そのものであると主張する。原罪はアダムに特別な関係があるが、それはまた普遍的行為としても考えられている。罪はアダムの最初の罪によってこの世に入って来たが、アダムと同様に、後の個人は罪をこの世へもたらした。「最初の罪を通じて、罪が世にきた。それと全く同じ仕方で、後の人間の最初の罪についても、それを通じて罪が世に来るということが当て嵌まる」[23]。アダムの最初の罪と各個人の最初の罪とは同じ質的規定を持つものである。このことの最も深い理由は、アダムと同様に各個人が彼自身であると共に人類であるという点にある。

アダムは人類から本質的に異なったものではない、というのは、そうなら、人類は全く存在しない。アダムは人類ではない、というのは、そうなら、人類もまた存在しない。〔だから〕アダムは自分自身でありそして人類である。それ故に、アダムを説明するのは人類を説明しているのであり、またその逆でもある[24]。

このようにして、キェルケゴールは原罪を単に過去的なものとして見るのではなく、各個人にとって現在的事柄であることを強調する。在来の教義に見られたように、アダムの原罪により後世の人々がその罪性（sinfulness）を負い、その罪性により更に罪を犯すのであるという説明とは異なる。彼によれば、罪は罪性に由来するものではなく、むしろ罪性は罪を通してこの世に入って来たのである。もし罪が罪性に由来するものならば、罪性は罪以外のものから来たことになり、罪性をもたらすものは罪でないことになって罪の概念は止揚される。従って、罪と罪性とはその性質上区別され、罪が罪性に先行するのである。「罪性は罪とは別のものを通じて入り込んで来たという意味で真であるのなら、この罪という概念は廃棄されている。だが罪性が罪を通じて入りきたのなら、罪が勿論先行したのである[25]」。アダムの原罪の結果、後の個人は堕罪へのより大きな可能性としての罪性を帯びている。

しかし、各個人におけるこの罪性の存在や先例の影響力などは、新しい罪そのものを説明することはできない。罪性はあくまでも量的規定であり、罪は、それに対して質的飛躍によって為されるものである。キェルケゴールは、罪性が世代から世代へと引き継がれていくという動きを認めるが、それは天然痘のように伝染する疫病ではない。罪そのものは質的飛躍、各人の自由意志によって行われる行為である。(26) アダムの最初の罪と各個人の最初の罪とは同じ質的規定を持っているが、その意義は異なる。アダムの最初の罪は、人類の罪性の歴史そのものに発端を開くのであり、その後の個人は、その最初の罪を通して、量的に進展する罪性の歴史へ参与するのである。(27)

第四節　不安、罪、信仰

最初の罪は質的飛躍を通してこの世に入って来たが、それ以前の責めのない状態、即ち無垢から、責めへの移行はどうして生じたのか。キェルケゴールはこの難問を解明するために、無垢から罪に至る中間規定として「不安」の概念を提起する。不安は、恐怖とは根本的に異なる。恐怖はいつもある特定のものに関係しているが、不安の対象は何もない、即ち無である。何も無いことが人を不安にさせる。キェルケゴールによれば、不安には、人間が心的なものと肉体的なものとの総合としての精神であるということが前提されている。人間は精神による心と肉体との総合であるから、不安が生ずるのである。

人間は心的なものと身的なものとの総合である。だが総合は、両者が第三者において統一されなければ、考えられない。この第三者は精神である。無垢において、人間はただ動物なのではない。もし彼がその生涯の或る瞬間においてただ動物であるなら、彼は一般に決して人間にならないのと同様である。それ故精神がその場にいるのである。しかし直接的な、夢みるものとしてである。さて、精神がその場にいる限り、それは或る意味では敵対的な力である。というのは、精神は絶えず心と身との間の関係を乱すのである、この関係はなるほど存立しているが、しかしそれは精神を通じて初めて存立するに至る限りにおいて、存立していないからである。他面において精神は、実際正しくこの関係を構成しようとする友好的な力である。さてこの両義的な力に対する人間の関係はどのようなものであるか、精神は自分自身に対して、そして自分の条件に対してどのように関係するのか？　精神は不安として関係するのである(28)。

人間は精神による心的なものと肉体的なものとの総合である。しかし無垢の状態においては人間が自己自身を精神として自覚する自覚的な精神ではなく、夢見る精神である。その総合は現実的な総合ではなく、単に可能な総合に過ぎない。可能的総合とは、一方においては心的と肉体的との関係を破壊するものとして敵対的関係であり、他方においては組成しようとする友好的力である。心と肉体に対する精神のこの両義的関係から不安が生ずるのである。そして心と肉体に対する精神の両義的関係により生ずる不安の状態が、無垢の状態である。無垢においては、人間は精神であるが、目覚めず夢見る精神であり、心と肉体の直接的調和の状態である。この状態は平安なのであるが、また不安の状態でもある。

無垢は無知である。無垢において人間は精神として規定されているのではなしに、自分の自然性との直接的な統一において心的に規定されている。精神は人間の中で夢見つつある。（中略）このような状態の内には平和と安息がある。しかし同時にそこには別の何かがある、それは不和や闘争ではない。というのは、そこに実際争うべき何も存しないのだから。それではそれは何であるか？無である。しかし無はどのような作用を持っているのか？それは不安を生み出す。無垢が同時に不安であるということは、無垢の深い秘密である。[29]

ここで、キェルケゴールは、旧約聖書の創世記にある堕罪物語を絡ませ、無垢なるアダムがなぜ罪に堕ちたかを解明しようとする。無垢の状態においてはアダムは善悪の区別を持たず、まだ何ができるか分からない。為し得るという不安な可能性を持っているだけである。創世記において神がアダムに「善悪を知る木からは取って食べてはならない」と告げる。しかし無垢なるアダムが神の言葉の禁令の意味を理解した筈がない。何故なら、善悪を知る者となったのは木の実を味わった後であるからである。禁令がアダムを不安にさせる。それは自由の可能性を呼び覚ましたのだから。キェルケゴールによれば、原罪の前提を為すものは可能性としての自由である。この自由を持つことにより人間は自己の行為に対して責任がある。禁令の言葉に「そうすればおまえはきっと死ぬであろう」という審判の言葉が続く。しかし死が何を意味するか、アダムは何も理解できない。ここでもアダムは語られたことを理解しなかったから、再び不安の両義性があるだけである。このようにして無垢は責めなきものであるが、あたかも無垢が失われたかのような不安に達するのである。不安が絶頂に達した時、質的飛躍を通して堕罪が起こる。(30) この飛躍は如何なる心理学によっても説明できない。心理学はそれ以前の不安の状態を説明し得るのみである。不安によって責めを負う人間は、実際無垢である。何故なら、彼を捉えたのは彼自身ではなく、不安という見知らぬ力であり、この力を彼は愛していたのではなく、むしろそれに不安を感じていたのである。しかし、彼は同時に責めを負う者でもある。なぜなら、彼は不安という見知らぬ力を恐れながら、なおそれを愛し、その不安の中にくずおれたからである。(31) キェルケゴールは、不安のこの両義性を眩暈に譬えて、次のように述べている。

不安は、精神が総合を定立しようとし、そして自由が今や自分自身の可能性の中を見下ろし、そしてそこで、自分を支えるために有限性を摑むことによって生ずるところの、自由の眩暈である。この眩暈の中で自由はくずおれる。心理学はこれ以上進むことはできないし、またそれを欲しない。正しくその瞬間に全ては変貌しているのであり、そして自由が再び立ち上がる時に、自分が罪責があるということを知るのである。この二つの瞬間の間に飛躍が存しているのであり、それをいかなる学問も説明したことはない、或いは説明することができない。不安の内に罪責ある者となる者は、あらん限りの最も両義的な意味で罪責あるものになるのである。不安は、その中で自由が気が遠くなる女性的な無力であり、心理学的に言えば、堕罪は常に無力の中で起る[32]。

不安は罪の前提であって、罪そのものではない。更に不安は、罪へと人間を強制するものでもない。もしアダムと後の個人が最初の罪を避ける可能性を持っていなかったとしたら、罪は必然的に起ることになる。しかし、罪を必然的なものと見做すことは一つの矛盾である。キェルケゴールによれば、不安は必然的なものではなく、一種の自由であるが、完全な自由ではなく、自己の中に縛られた自由である。従って、罪があるのは必然でもなく、抽象的な自由意志（liberum arbitrium）によるのでもない。「もし罪が必然的に世に来た（これは矛盾である）とすれば、その場合にはいかなる不安も存しない。もし罪が抽象的な、自由な意志決定（liberum arbitrium）（中略）の行為を通じて世に来ったのなら、同じようにまた不安は存しない[33]」。罪は不安に捉われた可能性としての自由の両義性を前提としており、質的飛躍を通して起こる。それは、如何なる論理的説明をも許さない、「いかにして罪が世に来ったかということは、人間各自が全く独り自分自身で理解する[34]」。

このように、人間は罪に対する自己の責任を持っており、罪の根源は各個人にあるのである。罪は、あくまでも不安にとらわれた自由意志によって生ずるのである。原罪によってこの世に入って来た罪性は、個人にとって罪の条件に過ぎないのであり、罪そのものは質的飛躍によって為されるのである。従って人類における罪性の歴史は、如何にその量的規定が高まっても、そのこと自体によって、罪の質的飛躍を明らかにすることはできない。

自由の可能性から罪の現実への移行は、質的飛躍によって行われる。質的飛躍は現実性である故に、可能性は不安と共に止揚されるように思われるかもしれない。しかし、実はそうではない。何故なら質的飛躍によって想定された罪の現実性は止揚された可能性であると同時に、不当な現実性であるから。そしてこの不当な現実性は新たに不安を生ずる。しかし、罪の結果としての不安の対象は無垢における不安と異なり、現実的なある物である。即ち、善悪の区別は、罪の現実性と共に想定されたものであるから、堕罪後の不安の状態は悪に対する不安と善に対する不安に分かれる。[35] 悪に対する不安とは、罪の中にありつつ、更に深く罪へ沈み込む可能性に対する不安である。「個人がどんなに深く沈もうとも、彼は更に深く沈むことができる、そしてこの『できる』ということが不安の対象なのである」[36]。悪に対する不安においては、個人が罪の中にあるが、より高い立場から見れば善の内にある。そのためにこそ悪に対して不安を抱くからである。善に対する不安の場合、個人は悪の内にありつつ善に対して不安を抱くのである。前者は、悪に対する不自由な関係であり、後者は善に対する不自由な関係である。[37] キェルケゴールは善に対する不安を悪魔的なものとして規定し、それは自己自身の中に閉じこもろうとする不自由であると言う。「悪魔的なものは、何か或るものについて自分を閉じこめるのではなくて自分自身を閉じこめるのである。そして、非自由は正しく自分自身を捕らわれ人になすということに、現存在の深い意味が横たわっているのである」[38]。善には悪魔的なものの自由の回復があるが、悪魔的なものは善とのあらゆる接触を避けようとする。新約聖書におけるあの悪霊にとりつかれたものがイエスによる救いに接した際に、「我は汝と何のかかわりあらん」と言ったところと同様に、悪魔的なものは善との接触を回避するのである。[39] 簡潔に言えば、悪魔的なものは人間における永遠なもの、神関係を否定しようとする否定的自己関係である。

罪或いは善と悪に対する不安は、信仰によってのみ克服される。上述のように、キェルケゴールは、罪を自己が神の前に絶望して自己自身であろうと欲しないこと、ないしは自分自身であろうと欲することとして規定した。それに対して信仰とは、「自己が、自己自身であり、かつ自己自身であろうと欲するに当って、神の内に透明に基礎を置いている」ことである、と彼は強調する。[40] このように、罪の反対は徳ではなくて信仰であり、罪と信仰とは、相互に不可分である。人間が神の前に罪人であると意識した時にのみ、彼は信仰に達し得るのである。そして信仰を得ることによって人間における不均衡可能な総合は真の総合となり、精神は真実の自己を取り戻し、罪から救われる。そこで不安、絶望は精神から止揚されるのである。

〈注〉

(1) 『想定された機会における三つの講話』(豊福淳一訳『キルケゴールの講話・遺稿集』第4巻、新地書房、一九八三年)、二九二頁(TDIO, 28)。なお、「罪は、宗教的実存に対する決定的出発点であり、何か他のものの内部とか或る他の事物の秩序の内部の一契機とかではなくて、それ自体、事物の宗教的秩序の初まりである」。『哲学的断片への結びの学問外れな後書』(大谷長訳『キェルケゴール著作集』第6巻、創言社、一九八九年)、五八六頁(CUP, 268)。

(2) JP4, 4018.

(3) 『想定された機会における三つの講話』、二九六頁(TDIO, 30)。

(4) 同書、二九五頁(TDIO, 30)。

(5) 同書、二九四頁(TDIO, 29)。

(6) 『死にいたる病』(山下秀訳『キェルケゴール著作全集』第12巻、創言社、一九九〇年)、三〇五頁(SUD, 77)。

(7) 同書、二一九頁(SUD, 13)。

(8) 同書、二四一頁(SUD, 30)。

(9) 同書、二二〇頁(SUD, 13-14)。

(10) JP1, 68.

(11) 『死にいたる病』、三一〇頁(SUD, 81)。

(12) 同書、三三一頁(SUD, 96)。

(13) 同書、三二二頁(SUD, 89)。

(14) 同書、三二九頁(SUD, 95)。

(15) 同書、三二六～三二八頁(SUD, 93-95)。

(16) 同書、三四五頁(SUD, 106)。

(17) 同書、三四五頁(SUD, 106-107)。

(18) 同書、三四五～三四七頁(SUD, 107-108)。

(19) 同書、三三〇頁（SUD, 96）。「キリスト教が決定的に質的に異教と区別される、正に（中略）罪についての教説なのである。それゆえキリスト教は、全く首尾一貫して、異教も自然的人間も罪が何かを知らないとみなし、又、罪が何かを明らかにするためには、神の啓示がなければならぬとみなすのである」。同書、三三二頁（SUD, 89）。
(20) 『不安の概念』（大谷長訳『キェルケゴール著作全集』第3巻下、創言社、二〇一〇年）、四七三頁（CA, 21-22）。
(21) 同書、四七七〜四七八頁（CA, 25-28）。
(22) 同書、四九一頁（CA, 35）。
(23) 同書、四八四頁（CA, 31）。
(24) 同書、四八二〜四八三頁（CA, 29）。
(25) 同書、四八六〜四八七頁（CA, 32）。
(26) 同書、四九四頁、五〇五頁（CA, 38, 47）。
(27) 阿部正雄「原罪と歴史——キルケゴールの場合」（『宗教研究』38巻183号、一九六五年、所収）、一五頁。
(28) 『不安の概念』、五〇一頁（CA, 43-44）。なお、「不安は、精神の誕生である。聖書が善と悪の識別力と呼んでいるところのあの精神の誕生なのである。しかし、精神は、まだそれを夢見ている状態にある。もはや無垢は存在せず、いまだ善と悪も存在してはいないのだから」。Paul Ricoeur, "Kierkegaard et le Mal," in *Lectures 2. La Contrée des Philosophes* (Paris : Edition du Seuil 1992), 18.
(29) 『不安の概念』、四九八頁（CA, 41）。
(30) 同書、五〇二〜五〇三頁（CA, 44-45）。なお、ここで注意すべきことは、罪以前の無垢がそれ自体としては現実的な状態ではない。キェルケゴールの考えでは、無垢が実存的に既に失われている状態である。ティリッヒは、キェルケゴールの立場を踏襲しつつ、自由の可能性としての無垢から罪としての現実への移行を「本質から実存への移行」として規定するが、この点について同じ見解を示す。「本質から実存への移行は時間空間における一つの出来事ではなく、時間空間におけるすべての出来事における超歴史的性質であるということである。このことは人間についても自然についても等しく言うことができる。「堕罪以前のアダム」と「呪詛以前の自然」は可能性の状態である。それは現実的な状態ではない。現実的状態は人間が全宇宙と共に己れをそこに見出す実存の状態であり、これがそうでなかった時期があったのではない。人間と自然が時間内の一点において善から悪に変化したという観念は不条理であり、経験にも啓示にも根拠がない」。P. Tillich, *Systematic Theology*, vol. 2 (Chicago : The University of Chicago Press, 1975), 40-41.（谷口美智雄訳）『組織神学』第2巻、新教出版社、一九六九年、五〇頁。

（31）『不安の概念』五〇〇頁（CA, 43)。

（32）同書、五二四頁（CA, 61)。なお、ティリッヒは不安の両義性を、人間が自己の自由を現実化しようとする欲望と、無垢状態を保持しようとする要求という矛盾として理解し、次のように言う。人間は「自己と自己の可能性とを現実化しないことによって自己を喪失する不安と、自己と自己の可能性とを現実化することによって自己を喪失する不安とを経験する。かれは実存の現実性を経験することなしに夢心地の無垢状態を保持するか、あるいは無垢状態を喪失し、その代わりに智慧と力と罪過とをえるかの二者択一の前に立たされる。この状況の不安が誘惑の状態である。かれは自己現実化に向かって決断し、かくて夢心地の無垢状態が終焉する」。*Systematic Theology* vol. 2, 35-36 :『組織神学』第2巻、四四～四五頁。

（33）『不安の概念』、五〇九頁（CA, 49)。

（34）同書、五一〇頁（CA, 51)。

（35）キェルケゴールによれば、もとより自由は善と同様悪をも選ぶことのできる自由意志（liberum arbitrium）ではない。自由の中に初めて善悪の区別がある。「善と悪の区別は、自由に対して或いは自由において初めて存在するのであり、そしてこの区別は決して抽象的に（in abstracto）ではなく、ただ具体的に（in concreto）のみ存するのである」。同書、五九二頁（CA, 111)。

（36）同書、五九四頁（CA, 113)。

（37）同書、六〇一頁（CA, 119)。

（38）同書、六〇八頁（CA, 124)。

（39）同書、六二五頁（CA, 137)。

（40）『死にいたる病』、三二二～三二三頁（SUD, 82)。

第四章　信仰と歴史

第一部第四章で親鸞の歴史観を考察したが、歴史的時間について親鸞の基本的な立場は、信一念の決定にあると言える。即ち阿弥陀仏の本願生起の過去は、同時に歴史的時間としての一切衆生の信心決定の時に現在となるという歴史観である。この点でキェルケゴールの立場との類似性が見られる。信仰の起点は過去の歴史的出来事にあるが、人間は歴史的知識だけを媒介にして信仰を獲得することはできない。キリスト教の信仰対象が歴史的な出来事であるにもかかわらず、歴史は信仰を獲得する機縁に過ぎないのである。その意味でキリストの歴史的な出来事との直接的同時代者も、後世の人間も同じ根源性を有する。両者とも神から信仰を受け取り、その信仰においてキリストの歴史的出来事と同時的になる。

信仰と歴史という問題は、キリスト教がその意味と真理を歴史的出来事との関連から得ているという事実から生ずるのである。信仰の起点は特定の歴史的出来事であるが、信仰が主張する真理は普遍的であり、永遠の領域に属するものである。ここで問題となる論点は、二つの次元の事実、即ち歴史的事実と永遠の領域における事実とは、元来同じ基準では語り得ないということである。つまり、如何にして特定の歴史的出来事が普遍的真理を生み出し得るのかという問題である。

この難問は、キェルケゴールの見解の背景であるG・E・レッシングの思想において見事に述べられている。レッシングによれば、ある歴史的事実が永遠的結果を引き出すことはあり得ない。キリスト教の歴史的事実を証明したからといって、あるいはその誤りを証明したからといって、それは歴史的結果以上の結果を持ち得ない。レッシングにとってキリスト教の真理は理性的永遠的真理である故に、歴史的事実によって論証され得ない。彼自身が言うように「偶然的な歴史の真理は、必然的理性の真理の証明とはなり得ない」。この二つの次元の真理の間に「越えることのできない忌まわしく広い溝」が存し、歴史的真理と永遠的真理とは、同一基準では語り得ないということである。「もしもキリストが死人を甦らせたということに対して、私には歴史的に何も異議を唱えるべきことがないとしても、だからといって私は、神が自らと同じ本質を持った息子を持つということを真だと見なさなければならないのか」[1]。歴史的真理から全く異なる真理、永遠的真理へと飛躍することは不可能であると、レッシングは強調する。

キェルケゴールは、独自な仕方でレッシングが直面していた問題を取り上げ、やや異なった結論を引き出した。彼は、キリスト教の信仰は理性と衝突するのみならず、歴史的な知識に訴えることによってその信仰の客観的な正当化が不可能になることも認めつつ、歴史的事実と永遠的真理の間にある

「溝」は、信仰によって越えることができると主張する。(2)

第一節　永遠の意識と歴史

キェルケゴールの著作『哲学的断片或いは一断片の哲学』の表題の頁には、次の問いが、信仰と歴史の関係に関する根本問題として掲げられている。「永遠の意識に対する歴史的出発点は在り得るか？　そのような出発点は如何にして歴史的という以上に関心を起こさせることができるか？　人は歴史的知識の上に永遠の浄福を築くことが出来るか？」(3)。即ち、歴史に基づく永遠への信仰は在り得るのか、という問題が提示されているのである。

キェルケゴールはこの根本問題の解答に際して、真理がどのように学ばれるものであるかをめぐり、二つの異なったアプローチを考察する。最初のアプローチは、真理に対するソクラテス的立場である。これは、我々がどのようにすれば知識を獲得できるのか、という問題に関連している。ここでアポリアが現われる。即ち、「人間は知っている事を求める事はあり得ない、そして同様に、知らない事を求めるということもあり得ない。なぜなら、知っている事は、実際知っているのだからそれを求めるということはあり得ないし、また知らない事は、何を求めるべきかという事すら実際知らないのだから、それを求める事は出来ないのである」(4)。そのいずれの場合にも、学ぶということが不可能であるから、この難問の解決は、学ぶことが想起に過ぎないものだと見做されることになる。認識は、主体が知っていないことを学ぶのではなく、潜在的に所有されている知識を想起することである。このような認識理論からは、個人が真理を既に有していると結論することができる。「真理は彼の内へ齎されるのではない、それは彼の内にあったのである」と、キェルケゴールは言う。[5]従って、真理は個人の内部にあるもの、また学ぶことは想起することであるから、教師及び学ぶ機縁は、偶然的なもの以上ではあり得ないのである。「ソクラテス的に見れば、時間の内の起点はどれも皆、それ自身としては（eo ipso）偶然的なもの、消滅するもの、機縁、である。教師もまたそれ以上のものではない[6]」。異なる教師であっても異なった機縁であっても、個人の内部に潜在している真理は引き出されることができる。その結果、真理を求める場合に、時間及び歴史は個人に内在しているものを想起する機縁に過ぎないものであり、決定的な意義を持たない。何故なら、個人は自分自身の内部に真理が既に現存することを発見する瞬間に、歴史的起点は全て意義を失う。「時間的起点という事は無意味である。なぜなら私が、それとは知らなかったが永遠このかた真理を知っていたという事を発見する瞬間に、正にその刹那に右の瞬間は永遠なものの内に隠され、永遠によって吸収され[7]る」からである。

先の根本問題に対する今一つのアプローチはキリスト教的立場である。この立場は、ソクラテス的立場とは全く異なる前提に立っている。キェルケゴールによれば、歴史的瞬間が決定的意義を有するためには、人間が例え無知という形においても、真理を持っていたというのであってはならない。と言うのは、この場合歴史的瞬間はただ機縁の瞬間になり、キリスト教的立場は想起というソクラテス的立場と混同されてしまう。もし真理がどのように学ばれるものであるかということをソクラテス的に解釈しようと欲しないならば、人間が既に真理を所有していることが前提されてはならない。むしろ反対に、個人は「真理の外にある者として規定されねばならない（改宗者として真理の所へやって来るというのではなく、真理に背く者として）、或いは言いかえれば、虚偽として規定されねばならない[8]」。しかし、人間は真理を持たない存在として創造されたのではない。神は人間を、神に似た存在、即ち、真理を備えている存在として創造した。人間が今真理から離れているとしたら、このことが神によって起こったということはあり得ない。それは矛盾である。と言うのは、神が真理とともにそれを理解する条件（把握能力）を与えた後に、再びそれを奪い取ったとは考えられないからである。また偶然によって起こることもあり得ない。何故なら真理に対する条件は本質的であるから。真理及び条件は、人間が自由意志によって喪失したのであろう。人間が真理から疎遠になったという状態は、単に偶然的ないし一時的な能力の欠如ではなく、人間がその根本的責任を負う人為的行為に基づくことなのである。人間はそれによって真理の外にあるだけではなく、真理に対して反抗的な状態にある[9]。この状態をキェルケゴールは罪と呼ぶ。

真理は、個人の内に内在していないものとなり、また個人がその真理を獲得する条件を持っていないから、真理はただ外部からのみ個人にもたらされるものとなる。彼が真理を受け取るのであれば、真理をもたらすのは教師でなければならない。それだけではなく、教師は個人に真理を理解する条件をも、併せて与えなければならない。というのは、個人が自力で真理を理解する条件を自分自身の内に備えているならば、彼はただ真理を想起するだけだからである。このようにして教師は決定的な意義を持っているのであり、彼と関わりなしに学ぶことはあり得ないのである。しかし学ぶ者に真理をもたらすだけではなく、それを理解する条件をも与える者があるとすれば、それは教師を超える存在でなければならない。即ち神だけが教師であり得る。「学ぶ者に真理を与えるのみならず制約をも得させる者、彼は教師ではない。（中略）これは人間には誰も出来る事ではない、（中略）それは神自身によってでなければならない」[10]。教師である神は、学ぶ者に再び真理と共にそれを受け取る条件を与え、罪から開放するのであるから、救済者であり、解放者であり、宥和者である。

以上の簡略な検討だけでも明らかなように、ソクラテス的立場とキリスト教的立場との間には、根本的相違がある。ソクラテス的立場においては、人間が自己自身の根源に既に真理を備えているので、時間及び歴史は偶然的意義に過ぎない。しかしキリスト教的立場では、これとは事情が違う。真理は個人の内に内在していないのであり、真理とそれを受け取る能力は歴史のある時点に現われる神によってもたらされると主張される。このようにして、神が歴史的現実として現れる瞬間は決定的意義を帯びてくる。従って、『哲学的断片』の表題の頁に掲げられている「永遠の意識に対する歴史的出発点は在り得るか」という問いに対して、ソクラテス的立場からは否定的に答えられ、その問いはキリスト教によって肯定される。ソクラテス的立場においては神の意識が想起によって得られるのであるから、時間及び歴史は問題になることはない。ソクラテス的な信仰は、神の永遠的本質に関わるものであり、歴史とは無縁である。それに対してキリスト教においては、信仰の対象はまさしく神が生成したという歴史的な出来事である。[11] キェルケゴールは、ソクラテス的立場に対するキリスト教的立場の相違を次の四点にまとめている。「ここでは言うまでもなく信仰という新たな器官、罪の意識という新たな前提、瞬間という新たな決断、時間の内に成る神という新たな教師、が採用された」[12]。キリスト教をソクラテス的立場に対比する時、キェルケゴールの意図はキリスト教の立場を擁護し正当化することではない。むしろキリスト教の信仰に包含される内容を明確にすることである。

第二節　歴史的事実と二種の信仰

キェルケゴールにとっては、信仰は歴史的事実の性格から要求され、歴史とは不可分の関係にある。彼は二種の信仰を峻別する。即ち対象として直接の歴史的事実を持つ一般的意味での信仰と、神が生成したという歴史的事実に相対する非常に優れた意味での信仰である。[13] キェルケゴールによれば、「生成したのは全て、正しくその事によって（eo ipso）歴史的である」[14]。そして生成した歴史的出来事は、全て偶然的なものである。何故なら、生起したものはそのように生起しなければならなかったのであっても、それとは違ったように起こり得るものでもあったから。従って、生起する如何なるものも必然的ではない。「あらゆる生成は自由によって起こるのであって、必然性から起こるのではない[15]」。歴史的な出来事は過去において起こったという限りで、もはややり直すことはできないほど不変である。しかしこの不変性は必然性の不変性ではない。歴史的出来事は別の形で起こり得る可能性があったからである。その意味で、歴史的な出来事には不確実という要素が含まれる。即ち生成した歴史的出来事には、それを直接的に知覚できないほどの紛らわしさが秘められている。「歴史的なものが直接の知覚および認識の対象となり得ないことが示されている。なぜなら、歴史的なものは、生成に固有なものであるところのかの欺瞞性を自らに担っているからである[16]」。

キェルケゴールによれば、直接の知覚及び認識によってのみ確実性が得られる。生成した歴史的なものに関する直接的知覚はあり得ないから、歴史的認識は本質的に不確実である。彼はこのことを星の例を挙げて説明する。人が知覚的に星を見る場合、その存在は確実なものである。しかし知覚された星の本質或いはどのように生成したかを反省しようとする瞬間に、星はその人にとって疑わしいものになる。「まるで反省によって知覚から星が奪われるようである[17]」。星の直接の知覚は確実であるが、星がどのように生成したという問題に関しては、疑問の余地があるのである。何故なら、例えば星が生成したのは神の働きによるものであったか、もしくは自然界の中で偶然的に発生したものであったか、などと推測されるからである。この不確実性をどのようにして把握し得るのであろうか。キェルケゴールにとってはこの問題に対する解答は信仰において見出される。歴史的なものが備えている紛らわしさを乗り越え、確実性をもたらす唯一の機能は信仰である。

今にして信仰とは正しくかくの如き性質のものである。なぜなら、信仰の確実性の内に常に、廃棄されるものとしてではあるが、色々の仕方で生成の不確実性に対応するところの不確実性が手許に存しているからである。信仰は見ないところのものを信ずる。信仰は、星があそこにあるということを信ずるのではない、なぜなら星は見られるものだから、そうではなく、信仰は星が生成したということを信ずるのである。出来事に関しても同じ事が当て嵌まる。起った事は直接に認められる、しかしそれが起ったということは決して直接には知られない、またそれが起るということすらもである、たとえそれが人の言うように、ほんの鼻の先で起るとしてもである⒅。

キェルケゴールは、客観的・歴史的探究の重要性を否定しているわけではない。彼が主張しているのは、歴史的資料に基づいた知識は懐疑を取り除くほどの確実性を絶対に与えず、生成した歴史的なものが備えている不確実性は信仰によってのみ乗り越えることができるということである。信仰とは、目に見えない事実、直接には知り得ないことを信じることであるから。しかし、信仰によって得られた確実性は主体的なものであり、客観的なものではない。キェルケゴールによれば、懐疑することは認識によるものではなく、意志によるものであるから、懐疑はただ自由によってのみ、つまり意志行為によってのみ克服される[19]。これはまさに信仰の働きである。信仰が下す結論は論理的帰結ではなく、決断である。「信仰の推断は推断ではなく決断であり、そしてそれ故に懐疑が排除されているのである[20]」。信仰と懐疑は正反対の行為であるにも拘らず、それらの間に共通点がある。つまり両者とも意志行為である。懐疑論者は何かを疑う時、それは認識することによって疑うのではなく、意志することによって疑うのである。彼は、直接的に知覚ないし認識することから結論を引き出すことによって欺かれるのを恐れ、一切の推断を否定する[21]。それに対して信仰は、懐疑に反する意志行為によって直接の知覚と直接の認識を超えることを信ずるのである。懐疑はそれによって除かれる。個人は、何かを信ずることを決意する時、それが誤謬であるかもしれないという危険を冒す。にも拘らず、それを信じようとする。「このようにしてでなければ人は決して信ずるのではない。もし人が危険を避けようとするなら、人は水に入る前に泳げるということを確実に知ろうとするだろう[22]」。

次いでキェルケゴールは、以上の歴史的なものと信仰との関係に関する根本的な理解を、神が歴史の内に現われたという出来事に適用する。この出来事を信ずるためには、我々が一般的歴史的なものに含まれている不確実性を克服しなければならないだけではなく、本質的に永遠かつ必然である神が、時間の中に現実に存在するという困難を乗り越えなければならない。神は歴史的な人格の内に自らを啓示したが、それは単純な歴史的出来事ではない。何故なら、この出来事は二つの質的に異なる立場を含んでいるからである。即ちそれは、「歴史的なものを永遠にし、永遠なものを歴史的にするものである」[23]。それ故キェルケゴールは、この出来事を他の歴史的事実と区別し、「絶対的事実」として規定する。絶対的事実は、歴史的要素を含んでおり、この点にこそそれが信仰の対象であるが、その歴史的要素自体は、個人に信仰を生じさせる何の力も持たない[24]。神は歴史的な現実として現われたが、それは直接的に知られるものではない。ある一人の人間が神であることを歴史からは証明できない。歴史的探究は、二千年ほど前にイスラエルに生まれたイエスという人物が存在したことを証明することができる。更に、彼の教えは西洋の文化に大いなる影響を与えたのみならず、その影響を全世界にも及ぼしたことも、歴史的探究によって証明される。しかし、この歴史的証明からは、イエスが神であるという結論は成り立たない。歴史は「イエス・キリストが偉大な人間であった、おそらく誰よりも偉大な人間であったということを証明し得るだけなのだ[25]」。歴史的に明らかにされるイエスの生涯と教えがもたらした諸結果から、イエスが神であるという結論を引き出せない根本的理由は、神と人間との間に無限の本質的な相違があるからである。イエスは単なる人間であったという想定から出発するなら、歴史的証明に基づいて、彼は同時に神であったという推論を進めることは永遠に不可能である[26]。キェルケゴールは、神が特定の時に人間の姿として現われたという出来事の歴史性を強調するが、それと同時に、歴史が信仰の事柄に役立たないのみならず、歴史的証明は信仰と無縁であると主張する。

我々の述べているかの事実が単純な歴史的事実であるなら、歴史記述者の正確さというものには大いなる重要性があるだろう。しかしここではそういう事情ではない。なぜなら、如何に精緻にわたった詳細さからしても、人は信仰を蒸留し出すことは出来ないのだから。神が人間のかたちを取って存したという歴史的な事柄が重要事なのである。そしてその他の歴史的な細目は、神についてではなく人間について問題になる時ほどにすら重要ではない。（中略）たとい同時代の世代が「某年神が僕の賎しいかたちで現われ、我々の間で生き、教え、そしてやがて死んだ、という事を我々は信じた」という言葉だけしか残さなかったとしてすら――それで充分過ぎるくらいである。[27]

ここで最後に引用された言葉は、誤解され得るものであろう。即ちキリスト教についてのこの簡潔な歴史的報告は、聖書でキリストについて書いてある全ての重要なものを含んでいると思われるかもしれないからである。しかし、キェルケゴールがここで強調しようとするのは、歴史が信仰を獲得する機縁に過ぎないものであり、如何に詳細な歴史的証明を以ってしても、それによって誰かに信仰を生じさせることができないことである。しかしながら、キリスト教に関する最小限の知らせでも、信仰を得るのには十分過ぎるほどに十分なのである。

第三節　歴史的真理と信仰の真理

信仰が歴史的証明から独立させられる一つの理由は、信仰に要求される確実性が、歴史的探究によっては得られないことにある。キェルケゴールによれば、歴史的探究の諸結果は、蓋然性しか有しないもの、常に新しい発見に照らして改訂させられるものである。彼はこのことの例証として、聖書の霊感という問題を取り上げる。彼はまず、聖書の諸書は聖書正典に属し、純正であり、それらの著者は信ずるに足るものであるということが、客観的論証によって明示されると仮定する。そのような客観的実証的な研究によって、それ以前に何の信仰を持っていなかった者を、信仰へ一歩近付けるであろうか。キェルケゴールの解答は否定的である。「なぜなら信仰は直接的の科学的考察から結果するものではない、そして直接に生ずるのでもない、逆に人はこの客観性のために、信仰の条件であり、信仰の生じ得るところの（中略）情熱的な、無限の個人的な関心性を失うのである」[28]。例え聖書学者たちが、聖書物語の歴史的信憑性に関する全ての問題について合意に至ったとしても、この事から聖書が神による霊感を持っている書であると帰結され得ないし、信仰を引き出すこともできない。そこで得られる結論は、客観的な近似（aproximation）に過ぎない。霊感は信仰に属する事柄であって、聖書についての歴史的知識ではない。如何なる客観的証明も、聖書の霊感への信仰に対しては何の力も持たない。信仰は、主体の無限への情熱が関わる問題であるが、客観的証明は、主体の情熱を促すどころかそれを排除するのである。

次いでキェルケゴールは、学者が聖書の物語に信頼すべき文献的証拠がないと確証することができるという想定を検討する。このような研究の結果によって、果たしてキリスト教が廃止されるであろうか。信仰者に害を与えることができるであろうか。キェルケゴールの答は、否定的である。「これらの諸書がこれらの著者達の手になるものではなく、純正でもなく、完全（integri）でもなく、霊感を与えられた（このことはそれが信仰の対象なのだからやはり否定され得ないのだが）のでもないからといって、その事からして、これらの著者達が生存していなかったという結果にはならないし、特にキリストが生存しなかったということにはならない。その限り、信仰者にとってはこのことを仮定することは同じように自由である」[29]。キェルケゴールにとって、信仰は歴史的証明に依存させられることはできないのみならず、信仰を得るためには歴史的証明は余計なものである。信仰は主体性に属するものであり、「主体性の最高の情熱」から成立する[30]。キェルケゴールが信仰は情熱であると言うとき、それは単なる感情的状態のようなものと見做されてはならない。情熱としての信仰は、客観的な知識あるいは第三者的な感想の在り方に反して、全人格的関与を含む情熱的決意であることを意味する。そしてまたその本質は客観的不確実性を固持しながら、それでいてしかも信ずることである。その意味で、信仰は人格的な冒険であり危険でもある。キェルケゴールが繰り返すように、「危険なくしては信仰はない[31]」。

このようにして、信仰は歴史的証明から結果しないものであるが故に、信仰者はあらゆる時代において、信仰におけるキリストとの同時性に関して同じ立場にある。もし神が一定の時点において啓示されたということが単純な歴史的事実であるならば、同時代の証人は利点を相対的に持っていたであろう。何故なら、起こった事実についての正確な信頼すべき報告を得ることができるからである。しかし、啓示の事実は絶対的な事実であるから、その事実と同時代の者であることには利点がない。というのは、そこに現れた神が直接に知られることができないからである。

もし或る同時代の者があって、かの教師に従うために睡眠を最小限の時間にまで制限し、鯨の後を追う小魚よりも執拗に彼に従ったとする、またもし彼が沢山の間諜を使って、至る所でかの教師を待ち伏せさせ、そして彼自身毎晩彼等と協議した結果、彼はかの教師の人相書を細部に至るまで知り尽くし、彼が何を言ったか、彼が一日の毎時間ごとに何処に居たかを知っていたとする、というのは、彼が熱心の余り、最もくだらない事をも重要だと考えさせるに至ったからである、そのような同時代人は弟子であろうか？　決してそうではない[32]。

キェルケゴールによれば、歴史的報告から信仰への直接で即座の移行は存しない。歴史的事柄に関して絶対的確実性は得られることができても、それは認識であって信仰ではない。信仰は、神によって与えられた条件である。そして我々はその信仰によってのみ、キリストと同時的である。「同時性」ということ、即ちキリストと同時的になるということは、彼と直接的意味で同時代に生きることを意味するのではない。キェルケゴールの思想においては、「同時性」と「同時代性」を峻別することができる。「同時性」とはどこまでも内的宗教的な意味のものであるが、「同時代性」とは外的歴史的な意味を持っているのである。[33]「真実に同時代的な者は、直接の同時代性によってではなく、或る他のものによって真実に同時代的な者である」[34]。「ある他のもの」とは、言うまでもなく信仰を意味している。キリスト教の信仰対象が歴史的な出来事であるにも拘らず、人間は歴史的知識だけを媒介にして信仰を獲得することはできない。

直接的意味での同時代者も、もし信仰を持たないならば、彼は真にキリストと同時的になることはできない。キェルケゴールによれば、神から真理理解の条件としての信仰を受け取ることによって、初めてキリストと同時的になることができるのである。直接的同時代性は、真の同時性の「機縁」となるに過ぎない。従って、信仰の起点を歴史的出来事に求めるキリスト教においても、直接的同時代者も、後世の人間、即ち間接の弟子も同じ根源性を有し、両者とも、神から信仰を受け取るのである。

間接の弟子というものはないのである。本質的に見れば、最初の弟子も最後の弟子も同じなのである、ただ、後の世代は同時代の者の報知に機縁を持っているのに対して、同時代の者はその直接の同時代性に機縁を持っており、そしてその限りにおいて如何なる世代にも何ら負うところはないのである。しかしこの直接の同時代性は単に機縁なのである。(35)

直接的同時代人が、後世の人間に対してなんらかの役割があるとするならば、それは「機縁」を与えるに過ぎない。信仰そのものは神の賜物であると共に、各個人の自由な決断によって獲得されるものである。その意味において直接的同時代人と後世の人間との間に質的な相違は全くないのであり、両者とも信仰によってのみ、キリストと同時的になり得るのである。

第四節　信仰と歴史的知識

キェルケゴールの基本的立場は、信仰を如何なる歴史的知識にも依存しないものとするのみならず、聖書の歴史批評のいかなる否定的な結果にも左右されないものとした。現代のキリスト教神学における信仰と歴史をめぐる議論の多くは、キェルケゴールによって明らかにされた問題に対する応答の継続と見做されるであろう。キェルケゴールの立場の影響は、ルドルフ・ブルトマンの思想において最も良く現れている。彼の「非神話化」計画が前提とする「歴史のイエス」と「信仰のキリスト」との区別は、基本的にはキリストの出来事が時間的経過の中での出来事であると同時に、救いの歴史あるいは永遠の領域における出来事であるという、キェルケゴールの明確な区別に依存している。キェルケゴールの影響はポール・ティリッヒの思想にも見られる。彼は歴史的真理と信仰の真理とを峻別し、信仰はそれ自身の根拠を保証することができると強調する。「信仰の真理は、信仰が表現されている物語や伝説の歴史的真理に依存させせられることはできない。信仰の意味を、聖書物語の史的妥当性に関する信念〔所信〕と同一視することは、信仰の意味の有害な曲解である。（中略）信仰は、たとえ歴史的研究の結果が、それらの事件を伝える伝統の批判となる場合でも、歴史的研究によって動揺させられることはありえない[36]」。

信仰が歴史的知識を根拠としないという見解は現代のキリスト教神学において有力な立場であるが、それを問題とする学者もいる。キェルケゴールの線に立って展開されたこの神学的方向を最も強く批判したのは、ヴォフハルト・パネンベルクである。彼によれば、もし歴史学が史的イエスについての確実な知識を確立し得ないとすると、キリスト教の信仰は歴史的な根拠を喪失し、幻想かつ恣意に基づいているものになってしまう。「もし本来的意味で決定的なもの、つまりナザレのイエスの運命の啓示的意味や救済的意味がただ信仰にとってのみ可見的になり得るのであって、生起した出来事に関する理性的研究はそこから原理的に排除されるとしたら、その時にはどのようにして純粋な事実の史実性が信仰を、ひょっとして幻想や恣意に基づいているのではないかという疑いから守るべきなのか理解できない[37]」。即ちキリスト教の信仰は特定の歴史的出来事と関連しているから、信仰の対象それ自体を歴史的研究の結果から切り離すことができない。神の歴史的啓示が神性の特殊な顕現ではなく、見る目を有する全ての人間に開かれ、普遍的な特徴を持っているという見解は、パネンベルクの根本命題である。[38] 彼によれば、イエスが神の啓示であるのは、孤立した出来事としてではなく、イスラエル史、特に黙示文学に由来した終末論的待望との関連においてはじめてそれは啓示的意味を持っているからである。この待望の枠の中で、イエスの復活は黙示文学に叙述されている全歴史の終わりを先取りする出来事として認識され、神の啓示として絶対的な意義を持っている。[39] イスラエルの歴史に根差した普遍史的地平を前提としてのみ、神が歴史の中で自己を啓示したということが問われ得る。[40] しかしキリストの出来事は通常の歴史とは別種な領域に行われる救済史ではなく、普遍史の目標であり、全体としての歴史の理解を可能にする出来事である。[41] この点で歴史の啓示としての意味は信仰によって出来事に折り込まれたようなことではなく、出来事そのものの中に内包されている。従って、パネンベルクにとって歴史的探究はこの出来事の特殊性とその啓示の性格とを発見し得るし、神の歴史的啓示についての知識は、信仰の根拠となる。「神の啓示についての知識だけが、信仰の基盤である」[42]。

確かにパネンベルクの立場は信仰の歴史的基盤を維持することができるが、そこから様々な問題が生じてくる。神がナザレのイエスの人生の中に啓示されていることは、歴史的探究によって証明されることができるであろうか。もし啓示の性格が聖書に描かれている歴史的出来事の中に含まれているのであれば、この出来事を研究する多くの歴史学者が、その啓示の性格を発見していないことは理解し難い。歴史的研究によって得られた知識に信仰の根拠があるのであれば、どうしてその知識を持っている多くの人がイエスにおいて啓示された神を信じないのであろうか。啓示の出来事について豊かな歴史的知識を持っている人々が、必ずしもその知識によって信仰を獲得することはないし、逆に乏しい歴史的知識によって信仰に導かれた人もいる。即ち十分な知識があっても、必ずしも人が信じるには至らないのである。パネンベルクは(43)、歴史的研究によって認識し得る神の啓示を認めない人々が多くいる事実を、「この世の神が、不信の者たちの思いをくらませている」という聖書の言葉で説明するが、これは短絡的であり、神学的説得力がない。キリストの出来事における神の啓示がイスラエル史との関連の中で初めて理解され得るという彼の主張も、歴史的知識が信仰の基盤であることの説明とはならない。何故なら、旧約聖書に叙述された歴史は通常の歴史ではなく、既に信仰的諸前提に基づいて展開された歴史だからである。神の啓示としてイエス・キリストを認識することを可能にするイスラエル史の終末論的待望自体は信仰の前提であり、歴史的に証明可能な出来事に関わるものではない。その終末論的待望と関連する普遍史の見方も通用し得るのはキリスト者たちにとってだけであり、歴史学に関わるものではない。普遍史には究極的目標があり、その中に神が啓示することは歴史学の範囲を越えるものである。

啓示は、歴史だけではなく常に歴史以上のものである。もし啓示が歴史的研究によって把握可能な出来事であるなら、信仰は知識に結び付けられた余計なものに過ぎないのであろう。歴史的知識を根拠にして信じているなら、それは信仰と言えるであろうか。パネンベルクは[44]、信仰とは基本的に神の約束に対する信頼であるから、歴史的知識によって余計なものになることはないと強調するが、その場合、信頼として定義された信仰は主観的確信の結果として生じるのではないであろうか。神の約束を客観的に把握できないからこそ、それを信頼し信じるのではないであろうか。

最後に、歴史的知識を根拠としない信仰が「幻想や恣意に基づいている」ものになるというパネンベルクの批判を検討して見よう。もし理性的研究によって得られた歴史的客観性を真理の基準とするなら、信仰は幻想的かつ恣意的なものと見做されるであろう。何故なら信仰の根本的主張は理性によって証明できないからである。しかし理性による理解を認識一般の基準とし、理性のみが実在への鍵を握っていると考えられるのであろうか。また理性は完全に不偏かつ中立な能力であり、異なる領域に属する真理の主張を正しく見渡す特権的地点を有するのであろうか。そのような理性の機能は、不可能であろう。何故なら理性には既にある種の信念やコミットメントが先にあり、これらによって構成される枠組みの中でしか理性の営みがなされ得ないからである。マイケル・ポラニーが指摘するように、全ての合理性の根底には信念がある[45]。「暗黙的同意と知的情熱、イディオムおよび文化的遺産の共有、相似た心をもつコミュニティーへの帰属——これが（中略）物事の本性に関するわれわれのヴィジョンを形成するものである。知能は、いかに批判的ないし独創的であっても、そうした信用的枠組みの外では働き得ないのだ[46]」。客観性を重んずる科学も、事実を確定する信用的枠組みに依拠する。ポラニーは次の例を挙げている。ある時に考えられていた重要な科学的事実が、数年後には反証されず、追試さえも為されずに、完全に不信任されたことがある。しかし「それは単に、科学の概念的枠組みが非常に変わってしまって、それらの事実がもはや信頼の置けないものに見えるという理由によるのである」[47]。即ち、知識はある種の信念から完全に遊離し得るものではない。信念あるいはコミットメントは客観性に有害なものとなるよりも、認識そのものを可能にする。マイケル・ポラニーが主張するように「真理とは、それを信ずることによってのみそれについて考え得るような何かである」[48]。キリスト教の場合も、神の啓示が一旦与えられ、信仰によって受容された時に、その意味及び含意を明らかにするために、理性が用いられることができる。信仰によって受容された啓示は、理性が機能する枠組みとなる。そして信仰の真理性の判断は、パネンベルクが主張するような理性的研究によってではなく、啓示の次元内にある判定基準によって為される。

キェルケゴールは、信仰が悟性或いは理性を超えているという立場を強調するが、だからといって悟性を無意味な作用と見做し、或いはそれについて否定的に考えているのではない。むしろキリスト者は「悟性を非常に多く用いるのであって、彼は悟性を通じて理解とする事の出来ないものに注目するようになり、そしてその結果彼は後者に対して悟性に反して信仰するという関係を持つに到るのである」[49]。しかもキェルケゴールによれば、信仰は、啓示の真理を知的に同意するという事柄ではなく、個々の生の在り方に関わる問題であり、その真理性は実践的次元で示される。「キリストが真理であるという意味での真理とは、陳述の総和や概念規定などではなくて、生涯だということである。（中略）それゆえキリスト教的な意味では、真理とは、当然のことながら真理を知ることではなくて、真理であることなのである」(50)。

以上のような問題点を考えると、キェルケゴールにおける信仰と歴史との問題解決は、基本的に正しいと思われる。この問題を巡る議論は、信仰の真理と歴史の真理とが二つの異なる領域に属するという、彼の明確な区別を無視することができない。歴史的探究の諸結果からは、イエスが神であるという結論を引き出せないのである。イエスについて如何に詳細な歴史的証明を持っていても、それによって彼に対する信仰を産み出すことはできない。信仰の対象としてのキリストの出来事は、歴史と比較し得ない永遠領域における出来事だからである。もしパネンベルクが主張するように、信仰の対象が歴史的に確認可能な出来事であるならば、信仰はもはや信仰ではなく、歴史的知識から導き出される当然の帰結に過ぎないのであり、信仰と歴史との区別がなくなってしまうのではなかろうか。歴史的知識を根拠としない信仰が如何にして可能になるのかという問題に関しては、より詳細に検討すべきところがまだ残っている。即ちキェルケゴールによれば、信仰は人間の情熱的決意であると同時に神によって与えられた条件であるが、この二つの側面が如何にして関係されるのかということは、彼の信仰論の中心的な問題となる。

〈注〉

（1）G・E・レッシング（谷口郁夫訳）『理性とキリスト教——レッシング哲学・神学論文集』新地書房、一九八七年、一四～一六頁。

（2）これまでのキェルケゴールの思想における信仰と歴史の問題に対する主要な先行研究として、以下のものを参照。Robert Roberts, *Faith, Reason, and History* (Mercer University Press, 1986); David E. Mercer, *Kierkegaard's Living-Room: The Relation between Faith and History in Philosophical Fragments* (Montreal & Kingston: McGill-Queen's University Press, 2001); C. Stephen Evans, "The Relevance of Historical Evidence for Christian Faith: A Critique of a Kierkegaardian View," *Faith and Philosophy* 7 (1990): 470-484.

（3）『哲学的断片或いは一断片の哲学』（大谷長訳『キェルケゴール著作全集』第６巻、創言社、一九八九年）七頁（PF, 1）。

（4）同書、一六頁（PF, 9）。

（5）同書、同頁（PF, 9）。

（6）同書、一八頁（PF, 11）。キェルケゴールはこのような立場を、思弁的哲学者によって共有される、広い意味での合理主義を代表するものと見做した。「このギリシャ的思想は比較的古い時代の思弁及び近代の思弁に繰り返されている、即ち、永遠の創造、父からの永遠の発出、永遠の神生成、永遠の自己犠牲、過去に起こった復活、免れた審判である。これらの思想はすべて想起というあのギリシャ的思想である、ただ人がこの事を何時も注意するというのではないのは、更に前進するという事によってそれらの思想に達したからである」。同書、一六頁（PF, 10）。

（7）同書、二〇頁（PF, 13）。

（8）同書、二二頁（PF, 13）。

（9）同書、二四頁（PF, 15）。

（10）同書、二三頁（PF, 14-15）。

（11）同書、一一五頁（PF, 87）。

（12）同書、一四四頁（PF, 111）。

(13)　同書、一一五頁（PF, 87）。
(14)　同書、一〇〇頁（PF, 75）。なお、ここでは、歴史的なものは二つの意味で用いられている。一つは自然を含む生成した全てのものである。自然は厳密な意味では歴史を持っていないが、生成してきたものである限りでは自然は過去のものである。それと同時に、自然が現存している点では現在的である。この意味で自然は歴史のある暗示を持っている。もう一つは、厳密な意味での歴史、即ち人間の歴史である。この場合、初め自由が出現した故に、歴史は自然の生成の内部にありながら、自由の働きによって生成する。同書、一〇〇～一〇一頁（PF, 75-76）。
(15)　同書、九九頁（PF, 75）。なお、キェルケゴールによれば、必然的なものが生成するのはあり得ないことである。「必然性は全てそれだけで別に立っている。如何なるものも必然性によって生成するもののないのは、必然性が生成しないと同様に、もしくは、或るものが生成することによって必然的なものになるのではないのと同様である」。同書、九九頁（PF, 74-75）。ある学者によればキェルケゴールのこの立場は、歴史的なものは必然的なものであるというヘーゲルの見解に対する反論であると考えられる。次書を参照。Patrick Gardiner, *Kierkegaard* (Oxford: Oxford University Press, 1988), 85.（橋本淳・平林孝裕訳）『キェルケゴール』教文館、一九九六年、一一三頁。Alastair Hannay, *Kierkegaard* (London: Routledge and Keagan Paul, 1991), 101; Gregor Malantschuk, *Kierkegaard's Thought*, ed. and trans. Howard V. Hong and Edna H. Hong (Princeton: Princeton University Press, 1971), 253.
(16)　『哲学的断片』、一〇七頁（PF, 81）。
(17)　同書、同頁（PF, 81）。
(18)　同書、一〇七～一〇八頁（PF, 81-82）。
(19)　同書、一〇八頁（PF, 82）。
(20)　同書、一一〇頁（PF, 84）。
(21)　同書、一一一～一一二頁（PF, 84）。なお、「例えば感覚が、私に、近くで見れば四角く見える対象を距りを置くと丸く見せ、或いは棒を水の中で折れたように見せるが、水から引き出して見れば実は真直ぐなものであるとしても、その場合感覚が私を欺いたのでは全然ない、私は寧ろ、棒とか石の対象について何事かを推論する時に初めて欺かれるのである、と。それ故、かかる懐疑家は絶えず自らを宙ぶりの状態に（in suspenso）保っているのである、そしてこの状態は彼が欲したところであった」。同書、一〇九頁（PF, 82-83）。

(22) 同書、一一〇頁（PF, 83）。

(23) 同書、八二頁（PF, 61）。

(24) 同書、一三一頁（PF, 100）。

(25) 『キリスト教への修練』（山下秀智・國井哲義訳『キルケゴール著作全集』第13巻、創言社、二〇一一年）、四六～四七頁（PC, 26-27）。

(26) 同書、四九頁（PC, 29）。

(27) 『哲学的断片』、一三五～一三六頁（PF, 103-104）。

(28) 『哲学的断片への結びの学問外れな後書』（大谷長訳『キェルケゴール著作全集』第6巻、創言社、一九八九年）、二九一～二九三頁（CUP, 26-29）。

(29) 同書、二九三～二九四頁（CUP, 30）。

(30) 同書、四一五～四一六（CUP, 132-133）。

(31) 同書、五一二頁（CUP, 210）。

(32) 『哲学的断片』、八〇頁（PF, 59-60）。

(33) 武藤一雄『キェルケゴール――その思想と信仰』創文社、一九六七年、一二一頁。

(34) 『哲学的断片』、八九頁（PF, 67）。

(35) 同書、一三七頁（PF, 104-105）。

(36) Paul Tillich, *Dynamics of Faith* (New York : Harper & Row 1957), 87-89.（谷口美智雄訳）『信仰の本質と動態』新教出版社、一九六一年、一〇八～一一〇頁。なお、キェルケゴールを読んで啓発されたと思われる箇所において、ヴィトゲンシュタインも、類似の見解を示している。彼によれば、キリスト教の信仰は歴史的事実を根拠とし、それによって支えられているのではない。キリスト教の信仰は、それが根拠としているかに見える歴史的事実についての報告が誤りであっても、このことによって揺らぐことはない。「とても奇妙に聞こえるかもしれないが、福音書に書かれている歴史的報告は、歴史的意味では、まちがっているかもしれないと証明することができる。しかし、だからといってそのために、信仰が揺らぐわけではない。しかも、それは信仰がたとえば「理性による普遍的な真理」と関係しているからではない。そうではなくて、歴史上の証明（中略）が信仰とは無関係だからである」。

(37) W・パネンベルク（近藤勝彦・芳賀力訳）『組織神学の根本問題』日本基督教団出版局、一九八四年、七二頁。Wittgenstein, *Culture and Value*, 37e-38e.『反哲学的断章――文化と価値』、九八～九九頁。

(38) W・パネンベルク編著（大木英夫他訳）『歴史としての啓示』聖学院大学出版会、一九九四年、二一〇頁。歴史における神の啓示が歴史的研究によって証明し得るというパネンベルクの根本的立場に関しては、同書七六頁。

(39) 同書、二一六頁、二一八～二一九頁、二二四頁。なお、『組織神学の根本問題』、七七頁。

(40)『組織神学の根本問題』、七八頁。

(41) 同書、八三頁。

(42)『歴史としての啓示』、二一六頁。

(43) 同書、二二一頁。

(44)『組織神学の根本問題』、七五頁。

(45) M・ポラニー（長尾史郎訳）『個人的知識――脱批判哲学をめざして』ハーベスト社、一九八五年、二七九頁。

(46) 同書、二五〇頁。

(47) 同書、二七六頁。

(48) 同書、二八八頁。

(49)『哲学的断片への結びの学問外れな後書』（大谷長訳『キェルケゴール著作全集』第7巻、創言社、一九八九年）、三五七頁（CUP, 568）。

(50)『キリスト教への修練』、二八〇頁（PC, 205）。キェルケゴールのこのような主張は、今日キリスト教の思想に裏付けを見出すことができる。例えば、ジョージ・リンドベックによれば、宗教的信念体系の主要な機能は客観的に確証できるような実在に言及するものではなく、宗教的生活形式を規制するものである。Lindbeck, *The Nature of Doctrine*, 63-69.『教理の本質』、一一八～一二二頁。

第五章　信仰の二つの側面
――神の恩寵と人間の決断

既に見てきたように、親鸞の思想において信心は人間が作り出すものではなく、阿弥陀仏から回向されたものである。その限りで、信心とは本質的に如来の心に他ならないが、信心における阿弥陀仏の働きと衆生の働きとは全く同一視されている。しかも、その信心の性格は全く主体的覚醒体験である。キェルケゴールの場合、神はどこまでも人格神であるから、信仰は神側から与えられた賜物であると同時に、神の呼びかけに対する人間の応答でもある。従って、信仰は目覚めの経験よりも、人格的に呼応し合う経験である。即ち神の働きかけとそれに対する人間の自由な決断とが、共に働いているのである。

第一節　恩寵と自由意志

キェルケゴールはしばしば、信仰が人間の意志の働きによって得られるものではなく、神の賜物であると主張する。『哲学的断片』では、「信仰は意志行為ではない」と書いている。[1]と言うのも、信仰はあくまでも神の恩寵によって与えられるからである。信仰は真理理解の条件として神から与えられるものであり、また「信仰自体が一つの奇蹟なのだ」[2]とも主張する。その意味では、信仰は確かに全くの神の恩寵である。しかし同じ書で、上述の言葉とは矛盾するような言葉、即ち「信仰が認識ではなくして、自由＝行為であり、意志＝表示である」とも述べられている。[3]従って、キェルケゴールは信仰が根源的には神から与えられる恩寵と理解しながら、同時に信仰においては、人間の自由意志の面も含むことを強調する。他の著作においても信仰のこの両面を強調する箇所が見られる。『三つの建徳的講話』の「永遠の至福の期待」においても、「私たちはすべて役に立たない僕であり、私たちの善い行為すらも人間的思いつきにすぎず、脆くて大変いかがわしいのだから。また、どんな人でも天の至福を神の恩寵、慈悲深さによってのみ受け取〔る〕[4]」と言いながら、『日誌・遺稿集』においては、次のように述べている。

主体性を抑制するために、我々は誰も自分の働きによって、救われるのではなく、ただ恩寵とそれに対応する信仰によってのみ救われるのである、と当然であるかのように教えられている。結構！　しかし、そうならば私が信仰者になることに関して、私自身は何もすることができないのであろうか？私たちはこれに対して無条件に「そうだ」と答えなければならないのであろうか、そしてその結果、我々は恩寵によって宿命論的な選びをすることになるか、それとも我らは、ちょっぴり譲歩をしなければならないのか。問題は、主体性は常に疑いの下におかれている、そして我々は信仰によって救われる、という説が打ち立てられると、直ちに余りにも多くのことが譲歩されているのではないか、という疑いが起こる。そのようにして、誰も自分自身に対して信仰を与えることはできない、信仰は、私がそのために祈らねばならない神の賜物である、ということになる。結構！　しかし、その時私自身は祈ることができるのか、あるいはいやそうではない、祈ること（その結果として信仰を祈り求めること）も、誰も彼自身に与えることのできない、神の賜物であり、それは彼自身に与えられるに違いないといわなければならないのか。私が正しく信仰を祈り求めるために、正しく祈ることが再び私に与えられねばならない、等。そこには多くの不明点があるが、それでも主体性を容認しなければならない二、三の視座があるはずである。尺度を極度に拡大し、むづかしくすれば、神の無限性の圧倒的な表現としては賞賛されうるであろうが、しかし、我々が宿命論を欲するのでなければ、主体性を除外することはできない(5)。

ここに出てくる問題は、信仰が根源的には神の賜物であることと、それには人間側の主体的決断が伴うということとの二つの側面を、どのようにして調停するかということである。信仰行為における神の恵みと人間の自由との関係に対するキェルケゴールの見解は、様々に解釈されてきた。ある学者は、キェルケゴールにとって信仰は奇跡であるから、人間の自由意志に依存させることによって信仰の獲得を説明しようとするあらゆる試みはキェルケゴールの立場の根本的曲解であるとする。「信仰は奇跡としてこの世に入ったから、意志に訴えることによってそれを説明しようとする我々の試みに対抗する」[6]。しかし他の学者は、むしろ信仰に対するキェルケゴールの了解が、人が直接の意志の行為によって特定の信念を獲得できるという極端な立場を導くと論じ、それは支持し難い主意主義だと批判する[7]。更に他の学者は、信仰を得るための意志の役割を認めつつ、キェルケゴールにおける信仰は根源的に神の賜物であると強調する。「信仰は信仰者の意志行為によって生み出されるものではなく、むしろ神の賜物である。信仰者に可能なのは、神の賜物としての信仰を受け入れようとする意志行為のみである」[8]。この最後の見解を我々の立場とすると、信仰が生じるのは神の働きによってだけではなく、人間の意志によってだけでもなく、むしろ両者とも要求されると言うことができる。信仰は神の賜物であるが、その信仰を受け入れるか否かは人間の自由な決断にある。キェルケゴールが述べているように「神は、自由のみができる事柄に対して助けることができる」[9]。かくして信仰とは、神の賜物であると同時に人間的決断である。神を信じるのは人間自らの力によってできるものではなく、ただ神の恩寵によるのである。しかし、神の働きかけに対する人間の主体的・情熱的な決意が伴う。

第二節　客観的不確実性と主体性の情熱的決断

宗教的信仰に対するキェルケゴールの了解の中心的点は、まさしく主体性とそれに関連している真理概念というところにある。彼によれば信仰は、主体性の内にあり、「主体性の最高の情熱」から成立する[10]。彼が信仰は情熱であると言う時、それは単なる感情的状態のようなものと見做されてはならない。情熱としての信仰は、客観的な知識或いは第三者的な観想の在り方に反して、全人格的な関与を含む情熱的決意であることを意味する。「主体性については本質的なのは、決心および決断の際に我々が危険を冒すことである。それは絶対的決断である[11]」。

キェルケゴールは信仰の範囲を定めようとして、宗教的真理に対する二つのアプローチを峻別する。即ち客観的反省と主体的反省である。

もし客観的に真理が問われるなら、真理は、認識者が関係している対象として客観的に反省される。そこでは、関係が反省されているのではなくて、彼が関係している真なるものが真理であるという事が反省されているのである。もし、彼が関係している事だけが真理であり真なるものであるなら、主体は真理の内にある。もし主体的に真理が問われるなら、その場合には個人の関係が主体的に反省される、もしこの関係の仕方だけが真理の内にあるのなら、個人がたといその時真理でないものに関係していても、個人は真理の内にある[12]。

客観的立場から見れば、一切の関心は内容に向けられる。主体的立場から見れば、それは内面性に向けられ、宗教的客観的真理の対立物として規定される。「最も情熱的な内面性の自分のものにすることにおいて固持された、客観的不確実性が、真理である、実存在者に対して存する最高の真理である[13]」。

この真理の規定は同時に信仰の定義である。キェルケゴールは、宗教的真理或いは信仰を語る際に、二つの形態が区別される必要を強調する。即ち、信仰の「何」と「如何に」とである。「客観的には、**何**が言われるか、に強調点がある。主体的には、**如何**にそれが言われるか、に強調点がある[14]」。力点は決して客観的「何」にではなく、常に主体的「如何に」に置かれている。真の神を客観的に求める者の側に一層多くの真理があるか、それとも、無限の情熱を以て自ら真実に神に関係する者の側に一層多くの真理があるかと尋ねた上で、キェルケゴールは次のように述べている。

もし、キリスト教の真只中に生きている或る者が、神についての真の表象を知識として持って神の堂へ、真の神の堂へ行き、そして祈る、だが虚偽で祈るとする、そして他方、もし或る者が偶像崇拝の土地に生きているが、無限性の全情熱を以て祈る――彼の眼は偶像に据えられているとしても。このような場合に何処に一層多くの真理があるか？　一方は偶像を崇めているとは言え真実に神に祈っている、他方は真の神を虚偽で祈っている、従って本当は偶像を崇めているのである[15]。

このように信仰は主体的な「如何に」ということに属するのであり、主体性における無限性の情熱から成立する。それ故に、信仰は何かの信条に単に同意するというような事柄ではなく、個人の生き方に関わる問題である。換言すれば、個人は「主体的となる」ことによってのみ、信仰を獲得し得るのである。

主体的に強調される「如何に」は「その極点においては無限性の情熱である、そして無限性の情熱は真理である。しかし、無限性の情熱は正しく主体であり、そしてかくして主体は真理である[16]」。すなわち、真理を目指す無限性の情熱こそが真理である。キェルケゴールは勿論客観的真理を認める。例えば数学的命題に関しては、客観性は与えられているということを認める。しかしこの場合、真理はどうでもよい真理である。というのもこのような客観的真理は個人の生の在り方に関わりがないからである。これに反して、主体的真理は本質的真理であり、それは個人に本質的に関係する真理である。客観的に見れば、本質的・宗教的真理は不確実なものになる。例えば、神を見出すために自然を観照する時、全能と全知が見られるが、しかし同時に不安にさせ、また妨げをなす他の多くのものも見られる。結局、神の存在が客観的不確実性となる。しかし、まさにこのことが内面性の無限の情熱を強調させる。そして真理は、無限性の情熱を以って客観的不確実性を選ぶ敢行に外ならない。キェルケゴールによれば、主体的に規定されたこのような真理こそが信仰である。「信仰とは正しく、内面性の無限の情熱と客観的不確実性の間の矛盾である。もし私が神を客観的に把握出来るのなら、私は信じない、けれども私はそれが出来ないからこそ、私は信じねばならぬのである」[17]。即ち、信仰は主体性に属するものであり、主体性の最高の情熱から成立する。そしてまたその本質は、客観的不確実性を固持しながら、それでいてしかも信ずることである。その意味で、信仰は人格的な冒険であり危険でもある。キェルケゴールが繰返すように、「危険なくしては信仰はない」[18]。

一見したところでは、以上のキェルケゴールの立場が宗教的相対主義を導き出すように思われる。つまりある信念が真実であるということは、それが誠実に無条件で抱かれるという意味に過ぎないものになる[19]。どんな信仰者であれ、何かを情熱的に信ずるならば、それだけで真理の中にあると見られているかのように思われる。その意味で、無神論者でさえ自分の無神論に関わって十分に深く徹底的であるとすれば、真理の内にあると見なすことができる[20]。ある学者は、信仰と情熱的関与が同一視されることによって、キリスト教の信仰の基盤は打ち砕かれるとさえ批判している。

なぜならこれはキリスト者にとって、受け入れるべき共通の諸真理、彼らの人生が導かれる共通の諸原理、実に観想し礼拝されるべき共通の神は存在しないことを意味する。この事柄はキェルケゴールの主張する主体性によってそれぞれの個人の精神活動に融合され、彼らの内面性と情熱を発動する人の数と同数のキリスト教が存在することになるであろう[21]。

確かにキェルケゴールは、「主体性は真理である」と主張する。しかしそれは、真理が自己によって構成されるという意味ではない。彼は信仰を無限性の情熱として規定するが、ある信念が真実であると信じられている故に、それは真実であることを意味するわけではない。ここで注意すべきことは、無限性の情熱としての信仰は、常に客観的不確実性と関係していることである。つまり、実存する主体が客観的な真理と関係することによってこそ、信仰行為の主体性は生じるのである[22]。客観的なものに対する関係なくしては、情熱も主体性も生じないであろう。信仰の対象は客観的不確実性であるからこそ、それに対する個人の情熱的関与が伴うのである。従って、キリスト教の信仰は、主体性が真理であるという命題によって客観的内容を失わない。キェルケゴールは信仰行為における主体的側面を強調するが、客観的側面を見逃すことも主体性と客観性とを混同することもしない。

キリスト教的なものは、誰かキリスト者が現存する以前に現存する。誰かがキリスト者と成ることができるためには、それが現存するのでなければならない。それは、はたして誰かがキリスト者となったかどうかがそれを尺度として吟味される規定をふくんでいる。それはすべての信仰者の外部でのその客観的存立を主張するが、その一方で、それは同時に信仰者の内面性のうちで存在する。要するに、ここには主体的なものと客観的なものとのあいだの同一性といったものはない。たとえキリスト教的なものがどれほど多くの信仰者の心のうちに入りこむとしても、あらゆる信仰者は、それが自分の心に思い浮かびもしなかった。（中略）それゆえ、啓示は主体性の規定であるとか、主・客端的な同一性であるとか、（中略）実は主体性であるのに何か一見客観的なものに見えるものであるとかという言葉の遊戯を許すなら、それは概念の蒸発であり、キリスト教的なもの全体の歪曲である。そうではないのだ、神が人間の姿となってキリスト教においてみずからを啓示したことに、たとえ誰ひとりとして気づかなかったとしても、神はやはりみずからを啓示したのだ。[23]

このように信仰は主体における最高の情熱であるが、信仰の対象は自己に依存せず信仰行為が起こる以前に存在するのである。何よりもキェルケゴールは、内面性と主体性を発展することによってのみ個人が信仰の対象に真実に関係することができることを示そうとしている。つまり彼は、信仰に関する教義の客観的内容を認めつつ、その教義に秘められている真理は、それを主体的に自分のものにすることによってのみ得られることができると主張する。彼は客観的真理としての信仰が人格関与なしに獲得されること、また信仰が無定形的主観主義に蒸発してしまうことという二つの信仰の理解を回避しようとする。彼は主体性が真理であるという命題を通して、信仰の「何か」と「如何に」は不可分の関係にあると、指摘する。

「如何に」が正確に述べられると「何」もまた与えられているような特性を持った「如何に」があるということ、またこれは信仰の「如何に」である。だが実際ここで内面性が正しくその極限において再び客観性であることが示されているのである。[24]

第三節　信仰の逆説的な性格

このような指摘から、信仰に随伴されるべき主体性は、信じられる事実的内容の妥当性を十分に立証するように見える。しかし、信仰の主体性だけで、信じられるものの実在性を保証できるのか。この難点を明らかにするためには、信仰の対象の性格を検討する必要がある。信仰の対象はそれに同意させるほど直接的に与えられているものではなく、むしろそれは合理的かつ客観的証明を超えるものである。キェルケゴールは、これを逆説と規定する。「主体性、内面性、が真理である場合に、真理は客観的に規定されると逆説である。そして、客観的には真理は逆説であるという事は、正しく、主体性が真理であるという事を示している」[25]。即ち主体性と逆説は、真理或いは信仰の切り離せない両面である。真理は、客観的に受け取られる限り逆説にとどまる。宗教的真理に対して、如何なる証明によっても客観的確実性が与えられることはない。この逆説の客観的不確実によってこそ、真理或いは信仰は主体的且つ情熱的な決意になるのである。従って、信仰は主体性の内にあるが、それは信仰が対象を持たないためではなく、その対象は逆説であるからである。

キェルケゴールは、逆説を二つの意味で使っている。一つは、真理に対するソクラテス的立場に関連する。もう一つは、キリスト教信仰とその対象である。まずキェルケゴールの逆説に対する前者の意味から考えてみよう。前章で述べたように、ソクラテス的思想において真理の学習は想起に過ぎないものである。即ち、真理は個人自身の外部からやって来るものではなく、彼が自己自身の内部に潜在的に所有しているのである。そこで教師の役割は、個人の中に内在している真理を想起させることである。しかしこの真理は知らざるものとして現われ、実存する個人に完全に把握されることができない。キェルケゴールは、この知らざるものを悟性が逆説的情熱と衝突する神と呼ぶ。更に詳しく述べれば、知らざるものは人が絶えず行きつく限界であり、悟性の範疇によって呼吸されないものである。しかし知らざるものと悟性との衝突から生じる逆説は、人が自分自身の外部に見出すようなものではない。思考自体は逆説である。「思考の最高の逆説というべきものは、思考が自ら考えない何かを発見しようとするということである[26]」。即ち悟性は全力を尽くして知らざるものを獲得しようとするが、有限なる実存者の限界のため、それは不可能である。そこで逆説が生じる。ここで注意すべきことは、知らざるものとしての神或いは永遠の真理自体は逆説ではなく、実存者に関係する時に、それは逆説になる。「ソクラテス的には、永遠の本質的な真理は決してそれ自身においては逆説的ではなくて、実存在する者に対して関係することによってのみ逆説的である[27]」。

ソクラテス的立場に反してキリスト教においては、個人が潜在的に真理を所有するという事実は認められない。反対に、個人は非真理にあるものとして見做される。真理は個人に内在していない故に、真理はただ外部から、即ち神の啓示によって個人にもたらされる。永遠の真理が、時間の中の特定の瞬間に人間の姿をとって現われる。神は「他の人々と同じように見え、彼らの如く語り、彼の習慣に従った」特定の個人に啓示された[28]。しかし、特定の人間が同時に神であるという事実は悟性を超えるものである。「この人間が同時に神である。どこから私はそれを知るか？　無論私はそれを知ることは出来ない。なぜなら、もしそうなら私は神も差異性も知っているはずだ。しかも私は差異を知らない。それは悟性が差異性をば、差異性が違ったものとなるところのものと同じにしてしまったからなのだ[29]」。なぜ人間は神を知ることができないのであろうか。キェルケゴールによれば、神と人間との質的差異が存する。この絶対的差異は、まず神は無限かつ永遠であるが、人間は有限なる存在であるという事実によるものである。しかし、罪人として人間はその質的差異を強調する。何故なら、人間が罪人であるという事実におけるほど、人間が神と異なる所以のものはないからである。「人間は罪人として、ポッカリと口を開いた質の深淵によって神から断絶せられている[30]」。

ソクラテス的立場においては、永遠の真理が実存する個人と関係することによって既に逆説であるが、キリスト教の場合は、人間が罪のため質的深淵によって神から隔てられているところに絶対的逆説になる。神が歴史上のある一定の瞬間に現われることによって、罪において個人と神との差異性が明らかにされるが、そこには同時に人間に対する神の近縁性も現われている。「同じ逆説が二種性を持っている、そしてその事によってそれは絶対的な逆説として現われるのである、即ち、消極的には罪の絶対的な差異性を表わすことによって、積極的にはこの絶対的な差異性を絶対的な同等性の内に廃棄しようとすることによって[31]」。即ち神は二種の逆説として現われる。一方において、人間を罪人として人間と神との間に差異性は明らかにされ、他方において、その差異性を同等性の内に止揚される。

絶対的逆説に直面する時、悟性にはただの二つの選択がある。即ち信仰の情熱において逆説と相互に理解し合うことか、或いはそれを拒否し躓くことである[32]。しかし、悟性は如何にしてこの逆説との相互理解に至るのか。悟性は逆説を理解すべきではなく、むしろ逆説であるということを理解すべきである。逆説と悟性との間の相互理解は、「悟性が自分自身を無きものにし、逆説が自らを犠牲にする時に、起こるのである[33]」。そしてこの事が起こる場所となる第三のものは、幸福な情熱と呼ばれる信仰である。即ち逆説は悟性を超える故に、それが信仰によってのみ把握されることができる。

ある学者たちはキェルケゴールにおける逆説を、論理的矛盾として解釈する。即ち彼らによれば、キェルケゴールにおける逆説への信仰は、信仰者が論理を無視し、理性に理解できないことを受け入れることを前提するからである。[34] 確かにキェルケゴールは、しばしば逆説を矛盾と呼ぶ。[35] この矛盾は、永遠のものが「あらゆる人間的理解力に全く反してのみ歴史的なものとなり得る」ことから成り立つのである。[36] キェルケゴールは更に、この矛盾を背理として規定する。「背理とは、永遠の真理が時間の内に現成〔生成〕したという事、神が現成し、生れ、成長し、等々をなし、全く個々の人間と同じように、他の人間から区別されないように現成した、ということである」。[37] これは認識にとっての対象ではなく、信仰にとっての対象である。「なぜならあらゆる認識は、時間的なものと歴史的なものを取るに足らぬものとして排除せしめるところの永遠なものの認識であるか、さもなくば純粋に歴史的な認識かの何れかである。そして、如何なる認識も、永遠なものが歴史的なものであるというこの背理を対象として持つことは出来ない」。[38] 従って、対象としての受肉は、逆説かつ背理であるが、それは論理の原理を破るという意味でのものではなく、絶対的に認識を越えるという意味でのものである。[39]

キェルケゴールは、信仰の対象としての逆説かつ背理は、理性に反して信じることであると語るが、信仰が理性を越えるというより伝統的立場を強調する。[40] 「キリスト教は逆説の内に存し哲学は媒介の内に存するというように私が表現するのを常としていることを、ライプニッツは、理性を越えたものと理性に反するものの間に区別をするということによって、表現する。信仰は理性を越えている」。[41]

絶対的逆説、背理は、信仰の本来的な対象であり、それは悟性によって把握され得ないものである。即ち、永遠なものがこの世に単独の人間として現われたという絶対的逆説、背理と関係するのは、知的理解によってではなく、ただ信仰によってのみ可能である。個人は信仰において、悟性の立場を放棄するが、だからと言って悟性を無意味な作用と見做し、或いはそれについて否定的に考えるべきではない。むしろ個人は「悟性を非常に多く用いるのであって、彼は悟性を通じて理解という事の出来ないものに注目するようになり、そしてその結果彼は後者に対して悟性に反して信仰するという関係を持つに到るのである(42)」。即ち、個人は悟性に反して信ずるために、悟性を持たなければならない。従って、「悟性に反してナンセンスを信ずるということはあり得ない(43)」。

この点でキェルケゴールの立場は、神が理性によって理解し得ない、というパスカルの見解に接近することになる。パスカルによれば、理性は神の存在を拒否することも証明することもできない。

もし神があるとすれば、神は無限に不可解である。なぜなら、神には部分も限界もないので、われわれと何の関係も持たないからである。したがって、われわれは、神が何であるかも、神が存在するかどうかも知ることができない。そうだとすれば、だれがいったいこの問題の解決をあえて企てようとするであろうか。それは神と何の関係も持たないわれわれではない(44)。

よく知られている「賭けの議論」において、パスカルは更に神の存在を信じようとする決断は客観的根拠によるのではなく、ただ主体的熟慮に依拠するのであると説いている。

「神はあるか、またはないか」ということにしよう。だがわれわれはどちら側に傾いたらいいのだろう。理性はここでは何も決定できない。そこには、われわれを隔てる無限の渾沌がある。この無限の距離の果てで賭けが行われ、表が出るか裏が出るのだ。君はどちらに賭けるのだ。理性によっては、君はどちら側にもできない。理性によっては、二つのうちのどちらを退けることもできない。（中略）だが賭けなければならないのだ。それは任意的なものではない。君はもう船に乗り込んでしまっているのだ。では君はどちらを取るかね。（中略）神があるというほうを表にとって、損害を計ってみよう。次ぎの二つの場合を見積もってみよう。もし君が勝てば、君は全部もうける。もし君が負けても、何も損しない[45]。

キェルケゴールの思想には「賭け」のような議論がないが、キェルケゴールはパスカルと同様に、信仰の対象は客観的不確実である故に、信仰の決断は常に危険が伴うことを強調する。

逆説は悟性が自分からは絶対に理解し得ないものであるが故に、悟性に対して「躓き」とならざるを得ない。このような悟性の理解を超えた逆説に個人は躓き、そこでそれを信ずるか否かの選択を迫られるのである。躓きを克服するところに、信仰は成り立つ。逆説は、客観的な知識の立場から主体的・情熱的な決意の立場への質的変化、移行を引き起こす。そこで、信仰は知識より、むしろ決断であり、意志行為である。

以上の検討から明らかなように、神の賜物としての信仰は、人間の側の主体的・情熱的な決意、決断が伴う。これら二つの側面を含む信仰は、基本的に神と人間の間の人格的関係である。信仰は根源的には神の賜物であるが、同時に人間において信仰を受け入れる受容性、自由な決断の面も存している。その点で、信仰は神の賜物と人間の自由との「共働」であると言ってよいであろう。この二面を含む信仰に伴う倫理的実践は如何に成立するのか、それは次の章において論究しようとする問題である。

〈注〉

（1）『哲学的断片』、八三頁（PF, 62）。

（2）同書、一二三頁、八七頁（PF, 14, 65）。

（3）同書、一〇九頁（PF, 83）。

（4）『三つの建徳的講話』（若山玄芳訳『キルケゴールの講話・遺稿集』第2巻、新地書房、一九八一年）、一三八頁（EUD, 271）。

（5）JP4, 4551.

（6）David Wisdo, "Kierkegaard on Belief, Faith and Explanation," *International Journal for Philosophy of Religion* 21 (1987): 96, 110.

（7）Louis Pojman, *The Logic of Subjectivity: Kierkegaard's Philosophy of Religion*（Tuscaloosa: the University of Alabama Press, 1984）, 103-107.

（8）Setephen Evans "Does Kierkegaard think Beliefs can be directly willed ?" *International Journal for Philosophy of Religion* 26（1989）: 182.
（9）JP6, 576.
（10）『後書』（『キェルケゴール著作全集』第6巻）、四一五〜四一六頁（CUP, 132-133）。
（11）JP4, 4537. なお、主体性の情熱的決断という主題は、『これか――あれか』という初期の著作においては既に暗示されている。そこでキェルケゴールが次のように述べている。「私は、選択の際には正しいものを選ぶことよりもむしろ選択するときの活力、真剣さとパトスが問題なのだと言ってよいと思う。この点に、人格が内的な無限性のうちに姿を現わし、人格はそれによって再び確固となる。それゆえ人間は正しくない選択をしたとしても、まさに選択したときの活力という理由によって、きっと自分の選択が正しくなかったことに気づくだろう。つまり選択が人格のあらゆる内面性をもって行われたとき、彼の本質は純化され、彼自身も、偏在して現存在すべてに透入する永遠の力に直接関係づけられたのである」。（渡邊裕子、近藤英彦、大谷長訳『キェルケゴール著作全集』第2巻、創言社、一九九五年）、二五三頁（EO, 167）。
（12）『後書』（『キェルケゴール著作全集』第6巻）、四九八頁（CUP, 199）。
（13）同書、五〇四頁（CUP, 203）
（14）同書、五〇二頁（CUP, 202）。
（15）同書、五〇〇〜五〇一頁（CUP, 201）。
（16）同書、五〇三頁（CUP, 203）。
（17）同書、五〇四頁（CUP, 204）。
（18）同書、五一二頁（CUP, 210）。
（19）Paul Edwards, "Kierkegaard and the 'Truth' of Christianity," *Philosophy* 46（1971）: 97.
（20）Gardiner, *Kierkegaard*, 98.
（21）Brand Blanshard, "Kierkegaard on Faith," *The Personalist* 49（1968）: 15-16.
（22）J. Heywood Thomas, *Philosophy of Religion in Kierkegaard's Writings*（Lampeter : Edwin Mellen Press, 1994）, 77.

（23）『アドラー書』（原佑、飯島宗享訳『キルケゴールの講話・遺稿集』第9巻、新地書房、一九八二年）、二五五～二五六頁（BA, 117-118）。
（24）JP4, 4550.
（25）『後書』（『キェルケゴール著作全集』第6巻）、五〇五頁（CUP, 204）。
（26）『哲学的断片』、五二頁（PF, 37）。
（27）『後書』（『キェルケゴール著作全集』第6巻）、五〇六頁（CUP, 205）。
（28）JP3, 3075.
（29）『哲学的断片』、六三頁（PF, 45-46）。
（30）『死に到る病』、三六六頁（SUD, 122）。
（31）『哲学的断片』、六五頁（PF 47）。
（32）同書、六六頁（PF, 47）。
（33）同書、七八～七九頁（PF, 59）。
（34）Hannay, *Kierkegaard*, 107；Blanshard, "Kierkegaard on Faith," 15.
（35）『哲学的断片』、一一五頁（PF, 87）。
（36）『後書』（『キェルケゴール著作全集』第6巻）、五一四頁（CUP, 211）。
（37）同書、五一三頁（CUP, 210）。
（38）『哲学的断片』、八二頁（PF, 62）。
（39）キェルケゴールにおける逆説は、理性に反するのではなく、理性を超えるということを解釈する学者に関しては、次書を参照。Stephen Evans, "Is Kierkegaard an Irrationalist? Reason, Paradox and Faith," *Religious Studies* 25（1989）：360-362；*Faith Beyond Reason*（Edinburgh：Edinburgh University Press, 1998）, 78-92；Cornelio Fabro, "Faith and Reason in Kierkegaard's Dialect," in *A Kierkegaard Critique*, ed. Howard Johnson and Niels Thulstrup（New York：Harper and Brothers, 1962）, 174-178；N.H. Soe, "Kierkegaard's Doctrine of the Paradox," in *A Kierkegaard Critique*, 206-227；Steven M. Emmanuel, *Kierkegaard and the Concept of Revelation*（Albany：State

University of New York Press, 1996), 45.

(40)　信仰と悟性との関係の問題は、キリスト教思想の中心問題の一つである。一般に悟性を理性と区別して用いているのではなく、広い意味で理性と解されている。キリスト教思想における信仰と理性との関係の問題に関しては、プロテスタントとカトリックという二つの根本的な立場が存している。キェルケゴールと同様に、プロテスタント神学者は、信仰と理性と分離された形で見られる立場を強調する傾向を示しており、人間の理性は人間と共に罪に落ちたのであって、その結果、理性が機能し得る範囲は著しく限定されてしまったとする。プロテスタント神学者と異なって、カトリック神学者は信仰と理性の間に断絶を認めない。理性が神を知る能力をもっており、理性は信仰のいきた「根」として存在していると主張する。罪によって、理性の実際上の働きや霊的なものを把握する能力は傷つけられたであろうが、理性の本来の推進力、構造、能力は害されることなく残り、人間そのものを破壊してしまわない限りそれらは害されることはない。理性は自分の力だけでは信仰を承認して受け入れることができない。それはまず、恩恵によって与えられる「新しい目」がなければならないのである。しかし、逆に理性に神と、その世界、神の現存のしるしといったものを知る能力がなかったら、神の恵みによって与えられる信仰を受け入れることはあり得ないのである。かくして、信仰は決して反理性的ではないし、信仰は理性を前提とし、これを完成するのである。Jean Mouroux, "Presence de la Raison dans la Foi," *Sciences Ecclesiastiques* 18 (1965): 184-185. ジャン・ムールー「信仰における理性の役割」(『神学ダイジェスト』7号、一九六七年、所収)六〇～六一頁参照。しかし、現代のプロテスタント神学者の中にもカトリック神学の立場に非常に近い立場をとる神学者がいる。例えば、ティリッヒによれば、信仰と理性は相互に依存し合う関係にある。彼は理性の二つの意味を区別する。一つは、現実の認識・制御の道具を提供する技術的理性、もう一つは、人間の人間性と同一の、言語・自由創造力の基礎として理性である。後者の意味の理性は、自らの有限性を意識することで有限性を超え出る。従って、無限なものへの所属の意識として現われる信仰は、理性の構造を破壊するというよりも、自らの有限な限界を超えて究極的なものの現前を経験する時に、理性を充実させる。かくして、理性は信仰の前提であり、信仰は理性の充実である。両者の間に矛盾や衝突はなく、両者は相互に内在している。Tillich, *Dynamics of Faith*, 76-77.『信仰の本質と動態』九六～九七頁。

（41）JP3, 3073.
（42）『後書』（『キェルケゴール著作全集』第7巻）、三五七頁（CUP, 568）。「誤解は常に、逆説が理解され得ないという事が悟性の多少という差異や賢愚の頭脳の間の比較に関係させられねばならないと空想する点に、存する。逆説は本質的に、人の持つ悟性の多少に拘らず、人間であるという事に関係し、質的にそれぞれの人間別々に関係する」。同書三五五頁（CUP, 566）。
（43）同書、三五七頁（CUP, 568）。
（44）Blaise Pascal, *Pensées. Oeuvres Complètes.* Presentation et Notes de Louis La Fuma（Paris : Editions Du Seuil, 1963）, 550.『パンセ』（前田陽一訳『世界の名著』中央公論社、一九九七年）、一六四頁。
（45）Pascal, *Pensées,* 550 ; パスカル『パンセ』一六四〜一六五頁。

第六章　信仰と倫理的実践

前述したように、親鸞の思想における倫理的実践は、信心よりおのずから流出すると考えられる。信心において生ずる歓喜の心は、知らず知らずに道徳的生き方となって表われる。その意味で、親鸞の思想においては原理的・当為的に規定された倫理は存在しないと言うことができる。キェルケゴールの場合、倫理的実践は単なる信仰から倫理へという自然流露ではない。信仰は模範としてのキリストと同時的に生きることなので、必然的に愛の実践に表れる。しかもその愛の実践は、「汝愛すべし」という義務の表現を取り、信仰の倫理は強く義務的・当為的性格を持つに至るのであるとされる。

第一節　信仰と愛の業

キェルケゴールは、忠実なルターの徒であると同時に、ルター主義の有力な批判者でもあった。彼によれば、ルターの偉大さは、信仰を麻痺せしめる福音の律法化に対して、信仰の権利を回復した点にある。ルターは、業による功績という中世キリスト教の誤謬を業から取り除こうとして、ただ信仰によってのみ救われるということを強調しなければならなかった。そのために、ヤコブ書は聖書から除外した。ルターにおいては、最も高貴な善き業は、キリストを信ずる信仰であり、全ての行為は、この信仰という行為から生ずる。即ち愛の業は信仰の結実として、信仰自体からおのずから流出する。しかし、ルター主義者たちはその後の発展において、ルターの教理を時代が進むにつれて益々偽造した。恩寵や信仰のみが絶対的に主張され、人間の為すべき業はもはや顧みられなくなった。人々は、できる限り安値でキリスト者になろうとするようになったのである。要するにルター主義は、キリスト者の倫理的実践を希薄にしたと考えられる。そのようなルター主義に対して、キェルケゴールは業及び倫理的実践を強調した。

使徒ヤコブは少しばかり明るみに引き出されねばならない。信仰に反する業のためではない。否、否、それはまた使徒の意図ではなかったのだ。そうではなくて信仰のためであり、可能なら、〝恩寵〟の必要性が真に謙った内面性のなかで深く感じとられるように促すためであり、そして可能なら、〝恩寵〟が唯一救いを与え、浄福を与えるものである信仰と恩寵が全く空虚に受け取られて、より洗練された世俗性のための逃げ口上になったりしないようにするためである。（中略）したがって従属節（諸々の行為、実存在、真理を証すこととそれのために苦しむこと、愛の業など）、ルター的なものにおける従属節に、もう少し注意するのがきっと一番正しいこととなるのである[1]。

ルターが業に重点を置こうとしなかったのは、ただ、信仰の純粋な内面性を目指すためであった。ルターの理論は卓越したものであり、真理であることをキェルケゴールは承認する[2]。しかし、キェルケゴールの時代には信仰が虚構の内面性にすり変えられて、人生が全く世俗的なものになっていた。中世キリスト教の誤謬は業の功績であったが、キェルケゴールの時代のキリスト教者は、功績も業も完全に廃棄したのである[3]。彼はこのごまかしの原因を探り出そうとして、こう述べている。

業とともにあるべきときには、利益を得ようとするか、あるいは、信仰と恩寵が有効とされるべきときには、また、できるだけ業から完璧に免れていようとするか、そのどちらかの傾向性がすべての人間に存在しているのである。〝人間〟、この神の理性的創造物は、まことに自分が侮られるがままにしておくことなどはなく、市場にいく農夫とは違って用心しているのである。「いや、二つに一つだ」と人間はいう、「もしそれが業であるとしたら、よろしい、しかし私はまた、私の業によって法的に私に帰属する利益を功績として認めてくれるように要求しなければならない。もしそれが恩寵であるとしたら、よろしい、しかし私はまた、私が業から免れられるように要求しなければならない。そうでなかったら、それは恩寵ではない。それが業でありながら恩寵でもあるとすれば、それはまさに気違い沙汰である」。いかにもそれは気違い沙汰であるが、それは真のルター的なものでもあったのだ。それがもちろんキリスト教だったのである。キリスト教の要求は、君の人生はできる限り激しく業を表現すべきである、ということである。それからさらに一つのことが、君が自分を謙って、私が救われるのはやはり恩寵のためなのだと認めることが要求されるのである。[4]

こうして、キェルケゴールにとっては、信仰と業及び倫理的実践は不可分の関係にある。信仰はどこまでも神の恩寵の賜物である。しかし、恩寵は倫理的努力を妨げるために導入されるのではない。むしろ逆に、恩寵は信仰者が自由に為すべきことを絶対的に要求するのである。[5]その点で、賜物としての信仰は倫理的努力によってのみ充足される、と言うことができる。即ち、信仰は全実存的でなければならない。全生活に行き渡らない信仰は、真の信仰ではない。ヤコブ書の言葉で言えば、「行いが伴わないなら、信仰はそれだけでは死んだものである」（2：17）。では、キェルケゴールは何故これ程までに倫理的実践を重視するのか。それは、彼によれば信仰が基本的にキリストと同時的に生きることに他ならないからである。

一人の信仰者がいる限り、この者は信仰者となったのだから、かの同時代人達と同様に、イエス・キリストの現存と同時であったし、また、信仰者として同時であり続けなければならない。この同時性こそ信仰の条件であり、もっと言えば信仰そのものである。[6]

「キリストとの同時性」ということに、二つの面が含まれている。一つは、天に挙げられた救い主としてのキリストを信ずるということである。他の一つは、模範としての歴史的イエスに従うことに他ならない(7)。この二つの面は離れがたく結び付いているが、イエス・キリストを信ずるためには、卑賤の姿から出発しなければならない。

もし君が賤しい姿のキリストと同時的になり、全くかの同時代人同様に「我に躓かぬ者は幸いなり」というキリストの警告に注意深く耳を傾けるようにならないなら、君はキリストのいかなる言葉も、たった一言も自己化することを許されないし、またキリストと些かの関わりももち得ず、些かの交わり〔社会〕も為すことができないのだ(8)。

「キリストとの同時性」とは、彼の生き方と似たものを追体験するということである。即ちキリストが為した業は、あらゆるキリスト者の生の中で新たに実現されなければならない。苦悩に満ちた卑賤の内に生き、十字架上の死を迎えられたイエスは、人間に対して模範であり、峻厳な模倣の実践を要請し、倫理的努力へと駆り立てる。従って、イエスの後に従うということは、彼を模範として生きることに他ならない。

キリストが絶えず「倣う者」という表現を用いていることは、もちろんよく知られている。彼は、称賛者、崇拝的称賛者、支持者を求めているとは一切語っていない。そして彼が弟子という表現を用いるとき、彼はそれが倣う者という意味だということがわかるように常に説明を加えている。（中略）教えを支持する者ではなくて、生き方に倣う者だということがわかるように、常に説明を加えているのである。(9)

しかし如何なる人間も、助けなくしては一人首尾一貫して最後まで模範としてキリストに従うことができない。救い主としてのキリストの恩寵が、人間を助けなければならない。しかも、キリストは模範として自ら人間に峻厳な模倣の実践を要求するが、それは信仰者に謙らせ、恩寵の必要性を痛感させるためである。キェルケゴールはキリストの模倣を通して、信仰に伴う倫理的実践を極めて強調するが、それにも拘らず、彼にとって恩寵は決定的なものである。「贖罪と恩寵は決定的なものであり、またいつまでもそうである。模倣に関するあらゆる努力は、死がそれを終わらせる瞬間がやって来る時には、神にとってはやはり惨めさであるだろう、正にその故に恩寵と贖罪は必要なのである(10)」。だがキェルケゴールが繰返すように、恩寵は人間の努力を無効にするような仕方で持ち出されるべきではない。恩寵自体は、信仰の倫理的要求の根拠であると共に実践を促すものであり、またそれを実現する力である。従って模範としてのキリストに倣う模倣の倫理は、要求と恩寵という二つの側面を含むのである。

模範としてのキリストと同時にいることなくしては信仰はなく、信仰はあくまでもキリストの模範に従うことを絶対的前提とするのである。信仰はキリストを模範として生きることであるので、必然的に倫理的実践に表現されるのである。より具体的に言えば、キリストと同時的に生きることは、愛の実践に他ならない。即ち、模範としてのキリストに似通った仕方で愛することである。

第二節　愛の倫理

キェルケゴールによれば、キリスト教的愛は意志及び行為の事柄であり、「汝愛すべし」という義務の表現を取る。「愛することが義務であるという、この外見上の矛盾をそれが胎んでいるということ、これこそまさしくキリスト教的愛の徴証であり、その特性〔である〕[11]」。この点で、キリスト教的愛は自然的愛と本質的に異なっている。キェルケゴールは、自然的愛とキリスト教的愛とをはっきりと区別する。恋愛や友情を含んでいる自然的愛の特徴は、それが感情や衝動に由来することにあるが、この愛は、まさにそれが自然的であるが故に命じられるのではない。愛する者と愛される者との関係は、限られた人数の人々の間での自然発生的な関係であり、偏愛によって媒介される。キェルケゴールによれば、自然的愛は自己愛の一形態であり、「ただ増進され促進された自己愛にほかならないのである[12]」。恋愛や友情においては、真の他者がない。何故なら、そこには「もう一人の私が愛されるのだからである。あるいは、最初の私がもう一度、さらにもっと激しく愛されるからである」[13]。それ故に、自己中心主義の一形態である恋愛や友情は、「道徳的課題をも含んでいない」[14]。ただ一人の恋人や友人を見つけることは、決断よりも幸運の結果であり、倫理的課題にはなり得ない。

恋愛や友情は幸福というものである。惚れ込むこと、このたった一人の恋人を見つけるということは一つの幸福であり、詩的に解釈すれば、（中略）最高の幸福である。唯一人の友人を発見するのも一つの幸福であり、殆んどそれに劣らず大きな幸福である。このような場合には、課題といえば、精々自分の幸福に本当に感謝するという程度のことにしかならない恐れがある[15]。

それに対してキリスト教的愛においては、他者が隣人と見做される。隣人とは「他者と呼ぶはずのものであり、自己愛における利己的なものが検証せられるべき場合の根拠なのである」[16]。他者が隣人として愛されるのは、彼が立派である、或いは魅力的であるからではなく、彼を愛するように神によって命じられているからである。「汝隣人を愛すべし」という戒律によってこそ、他者はどれほど不愉快であっても愛すべき者となる。義務になることによってのみ、愛はあらゆる変化から永遠に守られる。キェルケゴールが繰り返すように、「愛することが義務である場合に限り、その場合に限り愛は永遠に保証されている」のである[17]。自然的愛は感情と衝動に基づくものである故に、それ自身の内部で変化し得る。それはその正反対のものに、つまり憎しみへと変わることもあり得るのである。義務としてのキリスト教的愛の場合、一度自分に与えられた、或いは選択された隣人は、どんなに変わっても、無条件に愛されるべきである。

君は、たとえ恋人や友人が君に対してどのように振舞おうと、彼等を愛し続けることもできるのである。とはいえ、彼等が遺憾ながら、本当に心変わりしてしまった場合、君は彼等を恋人や友人と呼び続けることはできない。それに反して、如何なる変化も隣人を君から奪うことはできない。なぜなら君を摑まえて離さないのが隣人なのではなく、隣人を摑まえて離さないのが君の愛だからである。もし隣人への君の愛がいつまでも変わることがなければ、隣人も変わることなく、いつまでも存在し続けるのである。(18)

恋愛や友情の自然的愛は気のあった人の偏愛や気の合わない嫌悪を含んでいるから、全ての人における平等性は否定される。他者において隣人を見つけるためにあらゆる区別から目を背け、神の前での万人の永遠の平等性に目を向けるべきであると、キェルケゴールは主張する。

隣人への愛とは、それゆえ、愛することにおける永遠の平等性のことである。しかし、永遠の平等性は偏愛の反対である。(中略)平等性とは、結局は他でもない、区別を設けないことである。永遠の平等性とはどんな小さな区別も絶対しないこと、無制限にどんなささやかな区別も行なわないこと、である。それとは逆に、偏愛は区別することであり、情熱的偏愛は無制限に区別することである[19]。

キェルケゴールは、自己愛がキリスト教的愛の反対であることを繰り返し強調するが、適正な自己愛を前提せずには、人間が誰でも他人を適切に愛することができないことを承認する。「自分自身を正しい仕方で愛することと隣人を愛することとは相互に完全に対応しており、畢竟一つの同じものなのである[20]」。従って、自然的愛においてキェルケゴールが非難するのは、自己愛そのものよりも、そこに内在する利己心である。利己愛の陶酔に陥りやすい自然的愛には、二つの自我が合体して一つの自我になり、その結果として、この合体した自己が利己的に一切の他者から己れを締め出す故に、全ての人を愛さねばならないという愛の義務による変化が、利己的感情に対して起こらなければならない。つまり、恋愛や友情がキリスト教的愛の適当な手段になるためには、そこから真の愛の関係を損なう利己心を一掃しなければならない。キリスト教的愛は義務としての隣人愛を強調し、真の無私の愛を要求することによって、自我を別の自我に繋ぎとめている鎖を解くのであり、自我と他者に対する真の愛を可能にする。キェルケゴールは、隣人への愛を精神の愛と規定し、次のように述べている。

精神の愛は、これと違って、私の自己から一切の自然規定・一切の自己愛を剝奪する。それゆえ、隣人への愛は、私を隣人と一つにして、総合的自己を造るというわけにはゆかないのである。隣人への愛は、各自それ自身永遠に精神として規定された二人の存在者間の愛である。隣人への愛は精神の愛である。とはいえ、二つの精神が利己的な意味で一つの自己になるということは決してありえない。[21]

愛に対する単なる人間的な立場と異なって、キリスト教的愛は常に神を「中間規定」として持っており、人は神を通じてのみ、隣人を愛することができるのである。「恋愛と友情においては偏愛が中間規定である。隣人への愛においては神が中間規定である。（中略）神をすべてのものにもまして激しく愛することによってのみ他人において隣人を愛しうる[22]」。しかし神への愛は、隣人への愛に必要であるだけではない。恋愛や友情を含めてあらゆる愛の形態は、神を「中間規定」として持たなければならない。神との関係は、真の愛の基準である。「だから、夫に向かって妻を如何に愛すべきかを教えるべきは妻ではない。あるいは、妻にそれを教えるべきは夫ではなく、また友人にそうすべきは友人ではなく、（中略）如何に愛すべきかを各単独者に教えるべきは神なのである[23]」。キリスト教的愛においては神が中間規定であるが故に、愛の関係は単なる人間と人間との関係ではなく、人間―神―人間の関係である。[24] そこでは他の人を愛することは、彼が神を愛するように手を差し伸べることであり、他の人によって愛されることは、神を愛するように手を差し伸べられることである。[25] 愛する者と愛される者とを神に導かないような愛の関係は、単なる自然的愛にとどまっているに過ぎない。

キェルケゴールは隣人への愛と恋愛や友情を峻別するが、これらの愛を対立的に扱うのではない。キリスト教的愛は自然的愛の差異を取り除くが、それは、隣人を愛するために偏愛によって愛されている相手への愛を放棄することを意味するのではない。キリスト教的愛が恋愛や友情を否定すると考えるならば、それはキリスト教に対する最大の誤解である。

君が隣人を愛しうるように、偏愛のもつ差異を取り除き給え。だからといって、君は恋人を愛することを止めるべきではない。おお、とんでもない。それゆえ、君がもし、隣人を愛するために、君が偏愛を抱いている相手を愛することを放棄することをもって開始するようなことがあれば、実際、隣人という言葉もこれまででっち上げられた欺瞞の中で最大のものとなるであろう(26)。

キリスト教的愛は恋愛や友情を否定しないだけではなく、人が恋人や妻を愛することにおいても、まず隣人として愛すべきであることを要求するのである。「妻は何よりもまず君にとっては隣人たるべきである。かくて、彼女が君にとって君の妻であるということは、君達固有の相互関係のより精密な規定なのである(27)」。キェルケゴールによれば、隣人と人間とは同根の規定であり、隣人の規定の中に根本的な同等性が存在する故、人は何らかの関係に属する前に、何よりもまず隣人である。即ち恋愛や友情においても、人は神の前にいる存在として尊重すべきであり、セックスの対象とされ性的満足を得るために利用されてはならないことを、キェルケゴールが暗示していると考えられる。隣人への愛は他のあらゆる愛の表現の根底に横たわるが、妻と友人が隣人とは違った仕方で愛されるのを、彼は承認する。従って、キリスト教は人が恋人や妻を特別に愛することに対して反対するのではない。ただ恋人や妻は、隣人であることの例外となってしまうような仕方で愛されてはならない。[28]キリスト教的愛の目的は、人が如何に特別に妻・友人を愛すべきかということを教えるのではなく、人が「如何に普遍―人間的に万人〔すべての人間〕を愛すべきかを教える」ことである。[29]このようにして自然的愛において否定しなければならないことは、キェルケゴールによると、恋愛に伴う衝動や傾向性のようなものではなく、特定の人間との結び付きが絶対化され、排他的になることである。

第三節　倫理の社会的次元

愛に関するキェルケゴールの理解は、キリスト教倫理における社会的次元を低く見做すものであると、しばしば批判されている。隣人への愛の目的を、彼が神を愛するように手を差し伸べることであると大いに強調することによって、他人自身が愛されることは妨げられてしまう。マルチン・ブーバーは、このようなキェルケゴールの愛の理解は、根本的個人主義で「無宇宙論的」愛の思想を生み出すことになる、と強く批判した。彼によれば、個人の神との孤独な関係に大きな重点を置くキェルケゴールの立場は、世界と他者とを非本質的なものにする。

レギーネ・オルセンへの自分のあきらめについて、「愛するようになるために、愛の対象を取り除かなければならなかった」とキェルケゴールが言っている。これは、神をまったく誤解することである。創造は神への道の障害ではなく、道そのものである。被造物が私の道に置かれるのは、その同胞である私がそれらと共にまたそれらを通して神への道を見いだすためである。（中略）神は、彼ご自身が創造したレギーネらを放棄するのではなく、レギーネらを使って私たちが彼の元にくるよう望んでいるのである。（中略）神と人の無宇宙の関係を教えるのは、創造主を知らないことである。[30]

やや異なった立場からであるが、『愛の業』について有力な批評を書いたK・ログストルプは、キェルケゴールの愛の理解が現実的な人間を実際に助ける関心に欠けていると批判する。隣人への愛は他人が神を愛するように手を差し伸べることだけに向けられているから、こうした愛からは他者の利益になるような中身のある行為が伴わないのであり、物質的支援ではなく、自己否定そのものが「隣人への愛の中身となる」と、彼は主張する。[31] キリスト教の立場から見れば、自己の否定や犠牲は真の愛の証である。それは世から憎まれ、侮られ、迫害を受けることである。認められ評価されている隣人への愛は、信用されない。「従って、キェルケゴール思想に潜在する起こり得る最悪なことは、隣人が彼自身が愛の対象であることを自覚することであろう。もし私たちの隣人が自分の幸福のためにその愛が行われたことを分かれば、キリスト教の立場からすれば、その愛はすべて台無しにされてしまう」とK・ログストルプが論ずる[32]。

隣人からの賞賛によって報いられた善行は、キリスト教の愛から要求されている非利己的要素が欠けているから、真の愛の業と見做されることができない。隣人が神を愛するように手を差し伸べることだけが、真の愛の業である。ログストルプによれば、こうした愛の理解では、「神との関係の目的は、他人を相手にすることから人を解放することであり」、隣人への愛は、「人を遠ざける最も効果的な手段である[33]」。以上述べたことからログストルプは、キェルケゴールの愛の理解が、良いサマリア人の譬え話に表現されているイエスの教えと食い違っていることを指摘し、隣人への愛は「隣人が神を愛するように手を差し伸べることではなく、隣人に現世の支援を与えることである」と結論づけている[34]。

T・アドルノはこの線に沿って、愛に関するキェルケゴールの立場の問題点は、愛の内面性に大きな重点が置かれていることにあると指摘する。愛は「純粋な内面性の問題」であるから、愛の対象として他者は「ある意味で取るに足りないものとなる[35]」。何故なら他人を愛するのは、神とその愛の戒律のためであるから。アドルノは、キェルケゴールが「愛を無謀に霊化する」ことによって、「隣人は他者或いは普遍的な人間性の一般原理になってしまう」と論ずる[36]。愛に関するキェルケゴールの理解の本質を捉えようとして、死者の追憶を取り上げている『愛の業』の一つの章に特別に注意して、彼は次のように述べている。「おそらく愛についてキェルケゴールの理解を最も正確にこうまとめることができよう。すなわち彼によれば愛は、まるで死んだようにすべての人に対して振舞うのである[37]」。現実的な隣人に対するこうした無関心の結果は「現状の頑強な維持」であり、「現世の不正と不平等」に対する社会的・政治的無関心が促されることである[38]。

確かに『愛の業』には、キェルケゴールが隣人の物質的幸福、及びその結果としてキリスト教倫理の社会的・政治的要素を軽視する、という批判に好都合な箇所がある。キェルケゴールの表現の仕方は、時として愛の業による実質的利益やあらゆる物質的必要に対する無関心を暗示しているであろう。ある箇所では、彼は慈愛の実践を提供され得る物質的支援よりも重要であると主張する。「『我々にお金をくれ、我々に病院をよこせ、これが最も重要なことだ！』永遠性は言う、否、最も重要なことは慈愛である、と。人間が死ぬということは、永遠的に解すれば、決して不幸ではなく、不幸なのはおそらく慈愛が実行されなかったということであろうからである[39]」。キェルケゴールは、愛の内面性が最も明らかで純粋であるのは、世界の外部において為すことが何もない時であるとまで言う。慈愛は「何一つ与えることができず、何一つなしえなくても、愛の業にほかならない[40]」。他の箇所で彼は、キリスト教は社会情勢を一変させることを目指していないと強調する。「キリスト教は決して外なるものの変化を遂げようとはしない。それは衝動も傾向性も放棄しようとはしない。それはひたすら内面における無限性の変化を遂げようとするだけなのである[41]」。キリスト教が目指しているのは「外部を掌握し、それを浄化し、それを聖化し、そしてこのようにして、すべては旧来のままでありながら、一切を新たにしようとする」ということである。[42] おそらくこの箇所は、キェルケゴールのキリスト教倫理が保守的な現状維持や不当な社会的情勢に対する無関心を暗示している、という批判を最も明らかに支持するものであろう。

しかし、キェルケゴールが愛の内面性を明らかにしようとした上記の箇所だけに基づいて、彼が展開した愛の倫理は非社会的であり、隣人への愛が霊化されてしまうというような批判は、あまりにも一面的見解であると言わざるを得ない。隣人の社会的及び物質的幸福を増進する積極的姿勢を支持している他の多くの箇所を、度外視するからである。キェルケゴールは愛の義務について言及する際に、隣人の現実的状況の重要性を明白に示している。「これこそまさしく義務なのである。総じて君が愛することにおいて現に見ている人間を愛するようになりうるためには、これが義務であり、第一条件なのである。この条件とは現実の確固たる足場を発見することである」[43]。即ち隣人への愛は抽象的であってはいけないのであり、必ず現実的な他人に向けられているから、愛する時には、他人のあるべき姿についての妄想的な考えではなく、その現実をあるがままに愛すべきである。彼は現実的な人に向けられる義務的愛の実例として、良いサマリア人の譬え話を挙げ、次のように述べている。

私が義務を背負っている相手が私の隣人であり、私が私の義務を果たすなら、私が隣人であることを証明している。（中略）つまり、キリストは隣人を見分けることについてではなく、丁度サマリア人が慈愛によって証明して見せたように、自ら隣人になることについて、隣人であることを自ら証明するということについて、語り給うているのである。というのは、事実、慈愛によってサマリア人が証明したのは、襲われた人が彼の隣人であったということではなく、彼が襲われた人の隣人であったということだからである。[44]

この文章は「自ら隣人になる」ということをキェルケゴールがどのように理解しているかを示している。つまり、キェルケゴールは、慈愛深いサマリア人が襲われた人に近づいて神による愛についての話をするのではなく、その人の傷に包帯をしたり、彼を介抱するため宿屋に連れて行ってその費用を支払ったりするという行為こそ、「自ら隣人になる」ということであると受け止めていると思われる。キェルケゴールは多くの場合、隣人がどのようにして愛されるべきかについて具体的例をあまり挙げていないが、愛の義務を説明する際に良いサマリア人の譬え話に訴えたことは、彼の説く隣人愛に物質的な幸福が伴うことを明確にするであろう。即ち、人は良いサマリア人のように、他者の具体的な状況に応じて愛すべきである。もしキェルケゴールが展開した愛の倫理は、ログストルプが批判するように、人の現実的状況には無縁だと見做されるならば、良いサマリア人の譬え話は愛の実践の実例として挙げられなかったはずではなかろうか。キェルケゴールは、神を愛の源及び究極的な対象にするが、それは隣人への愛を周辺的な地位に追いやることには導かない。神への愛と隣人への愛は二者択一の問題ではなく、双方の愛は一致しているのである。

人間は見えざる者、神を愛することをもって開始すべきである。というのも、こうすることによって彼自ら愛することの何たるかを学ぶべきだからである。もっとも、彼がこうして現実に見えざる者を愛しているということは、まさしく彼が現に見ている兄弟を愛しているということによって知られるべきである。見えざる者を愛すれば愛するほど、彼は現に見ている人々を愛するであろう。その逆に、彼の見ている人々を拒絶すればするほど、見えざる者を愛しているということにはならない[45]。

『愛の業』には、一貫して現実逃避としての愛が否定されている。「愛することに関するあらゆる逃げ道の中で最も危険なのは、ひたすら見えざるものだけを、或いは見たこともないものだけを愛そうとすることである」と、キェルケゴールはしばしば警告する[46]。更に、彼は、キリスト教的愛が「隠された、秘めやかな、謎に満ちた感情」ではなく、「純一無雑の行為である」ことを繰り返して主張する[47]。一見して社会的改革に対して熱意が欠けているような箇所が見出されるが、それは彼の愛の理解が非社会的であるためではなく、社会改革を支持することが実際には助けを必要とする人を愛さないで、巧妙な言い訳になり得るからであると考えられる。貧しい人の社会的状況を改善しようとする試みは、時として彼らの窮状に憂慮を示すよりも、見せびらかす自己満足の行為になってしまうからである。「ある人が施しを与えるからといって、彼がやもめを見舞い、裸の者に着物を着せるからといって、いまだ彼の愛が証明されたことにも、知られたことにもならない。なぜなら、愛の業は愛のない仕方で、然り、利己的な仕方でさえ行なわれることがあるからである」[48]。慈愛は貧者と恵まれない人々に対する寛大さに常に表わされるべきであるが、それは寄付金の多寡によって測られるものではない。結局のところ決定的なことは「慈愛とはそれがどのように与えられるかということである」[49]。キェルケゴールは、キリスト教的愛の社会的次元を承認するが、倫理の結果主義的見解を否定する。彼によれば、愛の行為は観察可能な結果及び功績から判断することができない。「愛の生命はそれを露わにする果実によって知られるものではあるが、しかしそれにもかかわらず生命そのものは個々の果実に勝り、君がある瞬間に数え上げられる果実全部の総計にも勝っているのである」[50]。キェルケゴールにとって、キリスト教的愛は人の社会的現実の変革を伴うが、物理的状況の改善にとどまらない。愛の最終目的は、人を精神的に新しくするのであり、より愛する者にするのである。

キェルケゴールが目指した社会の改良は、まさに人間の内的変革から生じるものだと考えられる。一九世紀デンマークの社会的・政治的情勢を背景にしてキェルケゴールの著作を考察したJ・エルロードによれば、『愛の業』を含めて倫理・宗教に関するキェルケゴールの著作は、デンマークの近代化に伴った社会情勢の変動に対する反応であると見ることができる。近代的工業経済の発展により、人間が完全に一定の割り当てられた機械的作業に組み込まれて不自由にされ、人が利己的な動機に導かれて相互に手段として利用される人間関係は、真の人間社会を造るのに障害となることを、キェルケゴールが予知した。そして、没個性化しつつあったこうした大衆社会に対して、個人の主体性の復権を唱えた。エルロードは、キェルケゴールが『愛の業』の中で展開した隣人愛の思想を、個人の内的変革によって真の人間社会の構築を可能にする宗教・倫理の基礎として与えようとする試みであると主張する。[51] キェルケゴールは、明確な社会改革のプログラムを提供しないが、隣人愛を根拠とする彼の厳格な倫理は、既成の政治的・社会的秩序への痛烈な批判となる。即ち隣人愛は、既成体制によって沈黙させられ圧迫された人間の状況に応えるのを要求し、人間関係を支配する社会的・政治的規範に対して批判的機能を果たす。[52] キェルケゴール自身は、彼の思想が社会性に欠けているという批判を予想して、『愛の業』の意義を次のように表明する。「彼らは、（中略）私がおそらく社会性について何も知らないと怒鳴りつけるであろう。ばか者よ！（中略）私が一側面をはっきりと持ち出せば、他の側面をさらに強く強調する。それで今私は次の著作の主題を見つけた。それは『愛の業』と呼ばれることになる」。[53] キェルケゴールは『愛の業』においても仮名の主要著作と同じように個人の内面性や主体性を強調するが、人の社会的現実にも同様の重きを置く。[54] 即ち愛の内面性と人の社会性は相互に背反するのではなく、弁証法的な関係にあるものとして扱われているのである。

第四節　愛と律法

キリスト教的愛についてのキェルケゴールの理解についての厳しい批判のもう一つの局面は、賜物としての愛よりも義務としての愛に重点が置かれていることである。K・バルトによれば、『愛の業』において取り上げられている愛は、「不快な信仰裁判的な恐ろしいほど律法的性格」を帯び、「与え解放する創造的な神の愛」は軽視されている。[55] 命じられ義務的に課せられた愛は、「いわば壁に押しつけられ圧しつぶされたエロース以上のものではありえない」と、彼は主張する。[56] キェルケゴール思想における義務としての愛は救済力を持っていると言われているが、その愛は「優越した勝利に溢れた人間的行為」に過ぎない、とバルトは強く論難する。[57]

しかし、キェルケゴール思想における義務としての愛は、バルトが主張するような、恩寵に頼らずに為される「優越した勝利に溢れた人間的行為」ではない。義務としての隣人への愛は、人間に対する神の愛の反映である。愛である神が人間の愛の根源であり、そこに人間の隣人愛が由来するのである。隣人への愛を可能にする神の愛は、湧き出る深い源泉、或いは光そのものの中に隠されている光源のようである。「静かな湖は深い泉の中に暗々たる基底を有しているが、それと同じように、人間の愛も謎に包まれながら神の愛にその基底を有しているのである」[58]。私たちがまず神によって愛されており、この基盤に立って神の愛を模倣することにより、神のために他の人々を愛するのである。神が万人に生命を与えるためにご自身を制限するように、人は隣人の幸福を促進するために身を捨てなければならない。神は報いを目指さずに愛するように、人間の愛も功利的目的を持つ私利の念に動かされてはならない。神が万人を平等に愛するように、人も平等に愛さなければならない。即ちキリスト教的愛は、常に神を「中間規定」として持っており、人は神を通じてのみ、隣人を愛することができるのである。

キェルケゴールは、人間は自分ではキリスト教的愛という観念を作り上げることができないと、繰り返し主張する。その愛の特徴は、神自身が「汝隣人を愛すべし」という掟を発したことにある。しかも、義務として愛の掟は、抽象的及び先験論的命令ではなく、イエス・キリストの出来事において具体的に成就された愛に基づいているのである。イエス・キリスト自身は神の愛の現われであり、彼において愛の掟は完成されている。「律法の果たしえなかったこと、まして人間を救済することなどもっての他だが、それがキリストであった」[59]。イエス・キリストが歴史における神の愛の現われであるから、キリストの模範に従うことは倫理的実践の最も具体的形態であると、キェルケゴールは主張する。律法を完成したキリストが、キリスト教的愛の実践の模範となるのである。このようにして、キリスト教的愛は単なる自力的行為ではなく、キリストにおいて根源かつ究極的目標として現われた神の愛に、根本的に基づいているものなのである。律法の要請と神からの賜物としての愛との間には、何の衝突もない。

律法と愛との間には何の衝突もない。（中略）この関係を本来の順序でより厳密に表現するなら、律法は要求し、愛は与えるのである。愛が遠ざけようとする律法の規定は一つもない、ただの一つだにない。それどころか、愛はそれらに始めて充足と規定性のすべてを与えるのである。愛においで律法の全規定が律法においてよりもはるかに明確になるのである。（中略）愛は律法の完成である。(60)

愛は内に律法を含み、律法は愛の一形式であって、愛と律法は、キェルケゴールにとって真のキリスト教を成している。「キリスト教の命題はこれである。すなわちそこには二種性がある。神は愛するという面と、神は愛されることを望むという面である。双方の釣り合いは、真のキリスト教を成す。すなわち約束と全く同じ程度の義務、義務と全く同じ程度の約束である」(61)。それ故、キェルケゴールにおける愛と律法、恩恵と倫理的努力とは、基本的には何ら矛盾対立せず、反対にこれらの契機は各々対応しつつ深く結びついている。

キリスト教倫理の根拠となる愛についてのキェルケゴールの見解を検討してきたが、キリスト教的倫理に関するキェルケゴールの核心的主張は、キリスト教的愛が命じられた愛であり、その愛なしには隣人という概念が存在しないということである。このために、ある学者らはキェルケゴールが道徳的義務の神の命令説を保持すると主張するに至った。[62] この説によれば、神が何を命じてもそれは人間が果たすべき義務となり、道徳的善悪の相違及び道徳的義務と禁令は、神が発する命令から派生するのである。[63] 即ち、神の命令に善悪の基準が置かれ、神の命令は善だから下されたのではなく、神が下された命令だから、その命令が善になる。しかし、神の命令説に対しては幾つかの異論を唱えることができる。その一つは、こうした倫理説によって神の命令が残虐無慈悲な行為を正当化するのに恣意的に利用されることもあり得る、という問題点である。もう一つの問題点は、神の命令が道徳的義務の全く他律的で外部の基準の源となってしまうという、点である。[64] もしキェルケゴールのキリスト教的倫理が神の命令説と規定されるならば、このような批判は彼に向けられることができるであろう。

しかし、キェルケゴールは義務としての愛をキリスト教倫理の根拠とするが、彼の思想には、その倫理を神の命令説と安易に規定させない他の見過ごしてはならない要素もある。キェルケゴールが神の愛の命令に重点を置いていることは、努力と賜物、及び業と恩恵についての彼の二種の主張に照らして解釈されるなら、愛の命令を単なる道徳的義務として受け止める見解は不可能となる。彼は、『日誌・遺稿集』の中で、次のように述べている。「君は『汝愛すべし』を徹底しなければならない。これは無条件の尊敬の条件である。それで『汝愛すべし』の裏には恩恵があり、そこにすべて微笑し、すべては優しい[65]」。神の恩恵は愛の命令の背景であり、命令そのものは要求される愛を生み出すことができないのである。人間の心に秘められている神の愛自体が、愛の要求に答えることを可能にするのである。愛の実践の可能性に関する責任は、最終的には神にある、とキェルケゴールは強調する。「永遠性が『汝愛すべし』と語る時、それが実践可能なことを保証するのは、勿論永遠性の事柄になる」[66]。神は人間を愛することの出来る者として創造し、その心に愛を植え付けたため、命令はその愛を前提にし、人間に外的かつ恣意的に課せられるのではない。「人間的愛は徳を建てることができない。全ての人間に愛を注ぐはずなのは創造者であり給う神、自らが愛であり給う神である」[67]。神は隣人に対する愛を要求すると同時に、そのような愛の実践を可能にする。

以上の検討で明らかなように、キェルケゴールのキリスト教倫理の特色は、模範としてのキリストへの関係における厳格さ、律法の要請、愛の義務的・当為的性格の強調にあると言うことができるが、そこから、彼の倫理は神の命令説だという結論を引き出すことはできない。義務としての隣人への愛は、あくまでも神の愛に基礎を持つのであり、その愛の流露である。キェルケゴールは『愛の業』の結びで、愛は命令されると言いながら、義務にとどまらず人間の生きる目標でもあると主張する。「掟とは、汝愛すべしということだ。おお、しかし、君が君自身と人生とを理解したいのなら、どうしたって命令される必要なんかあるまい。だって、人間を愛するということは、とにかく生きる目標に値するたった一つのものだからだ」[68]。愛が孕んでいるこの外見上の矛盾は、愛が人間存在に本来的な固有の目的でありつつ、自由に行われるべき当為的行為であるということに起因する。愛は命令されるが、人間の根本的で固有な本質に沿った行為でもある。従って、キェルケゴールのキリスト教倫理には、義務としての愛が神の無償の愛に従属し、人間の完遂を目指すことと分かちがたく結び付いている。この点で彼の立場は、倫理学における命令法と直接法の特質を区別し、神のはたらきの直接法をあらゆる倫理的命令法の基礎とする、現代のキリスト教倫理にいくらか類似していると思われる。このようにして、キェルケゴールは、ルター的「恩寵のみ」という立場を保持しつつ、近代のキリスト教思想家の中で、おそらく誰よりも愛の命令に伴う倫理的意味と厳格さとを力強く表現していると言えるであろう。

〈注〉

（1）『自省のために、現代にすすむ』（國井哲義訳『キェルケゴール著作全集』第14巻、創言社、一九八八年）、三〇〜三一頁（FSE, 24）。なお、「だが今や現今において明らかになっていることは、持ち出されるべきはキリストが模範であるというキリストの側面だということである。そのことの思い違いを避けることを中世から人が学んだということだけが問題になっている。だが、持ち出されるべきはこの側面なのである、なぜなら、信仰に関するルッター的なものは正しく今や最も非キリスト教的な回避に対する無花果の葉の如きものになっているからである」。JP3. 2481.

（2）「ルッターがそこから方向を転じた誤謬は、業に関する誇張であった。彼が誤ちを犯さなかったということは全く正しい。つまり、人間は一人信仰によってのみ義認されるのである。とすることは全く正しい。このように彼その人は話し、教え——そして信じた。それは徒らに体面を繕っていることではなかった。それは彼の人生が証言した。全く素晴らしい！　しかし、すでに次の世代は弛んでしまった。次の世代は戦慄しつつ、業（ルッターその人はそこで生きたのだ）に関する誇張から信仰へと方向を転じたのではなかった。否、それはルッター的なものを教義となしたのである。このようにして信仰もまた生命＝力が減退してしまった。こうして世代から世代へと減退が進行していった。」『汝ら自ら審け！』（桝形公也訳『キェルケゴール著作全集』第14巻、創言社、一九八八年）、二七六～二七七頁（JFY, 193-194）。

（3）「この世俗性がルターに注目するようになった。それは聞いた。聞き違いをしたのではないかと思って再度慎重に聞いた。そしてこの世俗性は言った。〈すばらしい。こいつはわれわれにうってつけだ。ルターは、信仰だけが問題だといっている。彼の人生が業を表わしているということを、彼自身は語っていない。いま彼は死んでしまっているのだから、彼の人生が業を表わしているということは、もはや現実ではなくなっている。それゆえ彼の言葉、彼の教えを受け取ろう――そうしてわれわれはすべての業から免れるのだ。ルター万歳。婦人ヤワインヤ歌ヲ愛サヌ者ハ、一生ノ間バカモノデアリツヅケル。これが、時代に適合するようにキリスト教を改革したこの神の男、ルターの人生の意義である。〉」『自省のために、現代にすすむ』、一九～二〇頁（FSE, 16）。

（4）同書、二〇頁（FSE, 16-17）。

（5）尾崎和彦「キェルケゴールにおける自由と恩寵――同時性の場面をめぐって」（『明治大学教養論集』105号、一九七六年、所収）、六一頁。

（6）『キリスト教への修練』、一七頁（PC, 9）。

（7）Malantschuk, *Kierkegaard's Thought*, 349.

（8）『キリスト教への修練』、六一～六二頁（PC, 37）。

（9）同書、三三三頁（PC, 237）。

（10）JP2, 1909.

（11）『愛の業』（尾崎和彦、佐藤幸治訳『キェルケゴール著作全集』第10巻、創言社、一九九一年）、四一頁（WL, 24）。

（12）同書、四〇七頁（WL, 267）。

（13）同書、八八頁（WL, 57）。

（14）同書、八〇頁（WL, 50-51）。

（15）同書、八〇頁（WL, 51）。
（16）同書、三六頁（WL, 21）。
（17）同書、五三頁（WL, 32）。
（18）同書、九九頁（WL, 65）。
（19）同書、九一頁（WL, 58）。
（20）同書、三九頁（WL, 22）。
（21）同書、八八頁（WL, 56）。
（22）同書、九〇頁（WL, 57-58）。
（23）同書、一六五頁（WL, 113）。
（24）同書、一五七頁（WL, 106-107）。
（25）同書、一七六頁（WL, 121）。
（26）同書、九四頁（WL, 61）。
（27）同書、二〇四頁（WL, 141）。
（28）同書、二〇四～二〇五頁（WL, 141-142）。
（29）同書、二〇六頁（WL, 142-143）。
（30）Martin Buber, *Between Man and Man*（London : Collins The Fontana Library, 1961）, 73-74. なお、キェルケゴールの思想における愛についてのブーバーの解釈に関して、次書を参照。Robert L. Perkins, "Buber and Kierkegaard : A Philosophic Encounter," in *Martin Buber : A Centenary Volume*, ed. Haim Gordon and Jochanan Bloch（New Jersey : Ktav Publishing House, 1984）, 275-296. R・ペルキンスによれば、キェルケゴールの恋人との恋愛関係から愛に関する彼の思想を解釈しようとするブーバーの試みは、キェルケゴールの婚約解消の境遇を見逃すのみならず、『人生行路の諸段階』や『愛の業』などで展開された彼の思想を完全に曲解するものである。
（31）Knud Ejler Løgstrup, *The Ethical Demand*, ed. Hans Fink and Alasdair MacIntyre（Notre Dame, Ind. : University of Notre Dame Press, 1997）, 232.

（32）Ibid., 221.
（33）Ibid., 232.
（34）Ibid., 224-225.
（35）Theodoro Adorno, "On Kierkegaard's Doctrine of Love," *Studies in Philosophy and Social Science* 8（1939-40）, 415.
（36）Ibid., 417, 419.
（37）Ibid., 417. その章の中で、現実的隣人に対する無関心を暗示する箇所は次のものである。「死者を追憶するという愛の業は、最も無私的な、最も自由な、最も誠実な愛の業である。だから、行ってそれをしなさい、死者を追憶しなさい、そして、まさにそのことによって、生ける者を私心なく、自由に、誠実に愛することを学びなさい。君は、君自身を検証しうるための尺度を、死者に対する関係の中に有している。」（『愛の業』、五三一頁、WL, 358）。
（38）Adorno, "On Kierkegaard's Doctrine of Love," 421, 424.
（39）『愛の業』四八九頁（WL, 326）。
（40）同書、四九四頁（WL, 330）。
（41）同書、二〇二頁（WL, 139）。
（42）同書、二〇九頁（WL, 145）。
（43）同書、二三四頁（WL, 163）。
（44）同書、三八頁（WL, 22）。隣人愛の社会的次元についてキェルケゴールは、日誌・遺稿集記述においては、キリストが示した愛の模範を引き合いに出して、次のように述べている。「キリストが現世的必要性に応じて人々に援助の手を差し伸べたことも確かに忘れてはいけない。（中略）［彼］は病人やらい病を患っている人や精神が錯乱している人を癒したり、食べ物を与えたり、水をぶどう酒にかえたり、海を静めたりした等」（JPI, 347）。この箇所から明らかなように、キェルケゴールにとってキリスト教倫理的実践は、模範としてのキリストに似通った仕方で愛することであるから、人の社会的および物質的幸福はその倫理的実践に伴う当然の帰結である。キェルケゴールが中心としているキリストの模範に倣う模倣の倫理は、何よりも彼の思想が社会変革の方向を持つことを明らかにするであろう。キェルケゴールの倫理のこの点に関しては、Mark Dooley, *The Politics of Exodus : Kierkegaard's Ethics of Responsibility* (New York : Fordham University Press, 2001), 115-142を参照。

(45)『愛の業』二三〇頁（WL, 160）。

(46) 同書、二三五頁（WL, 164）。

(47) 同書、『愛の業』一四五～一四六頁（WL, 99）。

(48) 同書、二五頁（WL, 13）。

(49) 同書、四九〇頁（WL, 327）。

(50) 同書、三〇頁、（WL, 16）。

(51) John Elrod, *Kierkegaard and Christendom* (Princeton : Princeton University Press, 1981), 304-313.

(52) Mark Dooley, "The Politics of Exodus : Derrida, Kierkegaard, and Levinas on 'Hospitality'," in *International Kierkegaard Commentary*, vol. 16, ed. Robert L. Perkins (Macon, Georgia : Mercer University Press, 1999), 167-170.

(53) JP5, 5972.

(54) Louise Carroll Keeley, "Subjectivity and World in *Works of Love*," in *Foundations of Kierkegaard's Vision of Community*, ed. George B. Connell and C Stephen Evans (New Jersey : Humanities Press, 1992), 105.

(55) カール・バルト（井上良雄訳）『和解論』Ⅱ／4下、新教出版社、一九七二年、三〇一～三〇二頁。

(56) 同書、三〇二頁。

(57) 同書、二四〇頁。

(58)『愛の業』一九頁（WL, 9）。

(59) 同書、一四六頁（WL, 99）。

(60) 同書、一五六頁（WL, 106）。

(61) JP2, 1446.

(62) Stephen Evans, *Kierkegaard's Ethic of Love : Divine commands and Moral Obligations* (Oxford : Oxford University Press, 2004); Philip Quinn, "The Divine Command Ethics in Kierkegaard's *Works of Love*," in *Faith,*

Freedom and Rationality, ed. Jeff Jordan and Daniel Howard-Snyder (Lanham, Md. : Rowman and Littlefield, 1996).

(63) Evans, *Kierkegaard's Ethic of Love*, 117-124 ; Quinn, "The Divine Command Ethics," 42-43.

(64) Jamie Ferreira, *Love's Grateful Striving : A Commentary on Kierkegaard's Works of Love* (Oxford : Oxford University Press, 2001), 40.

(65) JP1, 994.

(66) 『愛の業』六七頁（WL, 41）。

(67) 同書、三三九頁（WL, 216）。

(68) 同書、五五五頁（WL, 375）。

終　章　宗教間の相互理解と対話の可能性

これまで、悪の自覚・罪の意識、並びに歴史意識と倫理的実践の問題に関連付けて親鸞とキェルケゴールの思想における信心・信仰を考察してきたが、終章では両概念の特質の類似性と相違性を明確に提示し、宗教間の相互理解と対話の可能性となる糸口を探ってみたい。

第一節　信心と信仰の類似性と相違性

信心と信仰との間の一番明白な類似点は、出発点が共に悪の自覚・罪の意識にあることである。即ち、悪の自覚・罪の意識を媒介としてのみ、信心を獲得し、信仰を得ることが出来るのである。しかし、同時に人間は自分自身で悪の自覚・罪の意識に達することは出来ず、ただ阿弥陀仏の本願の働き、神に関係することによってのみ、それが可能になるのである。従って悪の自覚・罪の意識と信心・信仰との関係は、どこまでも相互循環的である。それにも拘らず、悪の自覚と罪の意識の内容に関しては、両者の間に根本的相違がある。即ち、親鸞の思想における悪は人間存在そのものであり、必然的に生ずるのに対して、キェルケゴールの思想における罪は人間存在そのものでも、必然的に起こるのでもなく、自由意志によって生ずるのである。キェルケゴールにおける人間は、自分の自由意志に基づいて神の言葉に背き、神の要求に応じないという緊張した関係の中にある。そこでは罪は、根本的に神に背くこと、神に対する不服従、神への反逆であり、深刻な積極的意義を持つことになる。親鸞の場合、悪の自覚は、衆生が阿弥陀仏の本願と出遭い、阿弥陀の光明に照らされることによって初めて到達されるが、悪自体は阿弥陀仏に対する反抗ではなく、煩悩から自発派生的に起こる事実である。阿弥陀仏はキリスト教の神とは異なって、衆生を裁くことも赦すこともしない。悪は業の道理に従って処置されるのである。この根本的差異の影響は、計り知れないほど大きい。キェルケゴールの思想における人間は、堕落に対して責任があり、罪人と見做されている。一方、親鸞においては、人間存在そのものが有限への堕落の結果であり、人間は無始以来の煩悩具足の存在であると見做されている。

親鸞における信心とキェルケゴールにおける信仰の成立は、歴史的出来事に関係している点でも類似する。信心は、釈迦の歴史的存在によって歴史的根拠を持っている。しかし、信心の直接の対象は釈迦の歴史的存在そのものにはなく、阿弥陀仏にある。しかも、釈迦の歴史的存在の意味は、阿弥陀仏の本願に遇う信一念の決定の時に初めて明らかになるのである。そういう意味で、親鸞の思想においては、歴史の中心は信一念の決定の時にあるということが出来る。キェルケゴールの場合は、キリストの歴史的な出来事それ自体が信仰の対象である。この出来事は歴史上の一回的な事実であるが、それは単なる時間的経過の中での出来事ではなく、救いの歴史或いは永遠の領域における出来事である。即ち、歴史に属すると同時に、時と歴史を越えている出来事である。それ故、キリスト者は信仰においてこの歴史的出来事と同時的になる。キェルケゴールは「同時性」に基づいた時間の中心として現在に重点をおいているが、歴史上のキリストの出現という一回限りの出来事とその未来的終末論の側面とを見失ってはいない。彼にとって決定的意味を持つのは、イエス・キリストの出来事である。これは永遠的なものとしての瞬間であり、時が満ちるということである。しかし、キリストの出来事において現われる永遠的なものは、現在であると同時に未来的なものであり、過去的なものでもある。救済史的意味でのテロスは、既に実現されている。この意味で、終末（未来）は既に来ている。しかし、未だ終末ではない。つまり、現在という時間が「既に」と「未だ」との緊張を孕んでいるのである。この「既に」と「未だ」との緊張関係は、キェルケゴールにおけるキリスト教特有の時間の捉え方である。従って、信仰は静止状態ではなく、既にない過去と未だない未来との弁証法による動的運動である。親鸞の思想においても、阿弥陀仏の本願とその成就という出来事は、信心決定の時と同時的であり、現在となる。しかし、過去・現在・未来という三区分に関しては、キェルケゴールの立場と異なって、過去と未来は完全に現在化され、歴史的現実の意味での時間的前後或いは経過は見られない。中心となっているのは、絶対現在である。この絶対現在という時間には、未だない未来と既にない過去との緊張関係の余地がない。

他にも両者の類似点と相違点が考えられる。信心と信仰は人間が造り出すものではなく、阿弥陀仏・神の側からのはたらきかけによって初めて生まれるものである。しかし、信心・信仰は、阿弥陀仏・神の側から回向され、与えられていると言っても、それらの意味と性格において根本的相違がある。即ち、親鸞において阿弥陀仏は、究極においては法性法身であるが、キェルケゴールの場合、神はどこまでも人格神である。とすれば、信心とは、如来、法性を意味するものであり、本質的には如来の心に他ならない。しかも、その信心の性格は全く主体的覚醒体験である。それに対して、キェルケゴールにおける信仰は、どこまでも生きた人格的な神との関係の中に深められ、強められていくのである。その点、信仰は、覚醒体験である信心と違い、ある特定の瞬間に起こるものではなく、人間の人生全体を通じて起こるのである。信仰はあくまでも情熱的決意、意志行為であって、目覚めの経験ではない。

阿弥陀仏の側から回向された信心は、本願の名号において聞かれるものである。換言すれば、「南無阿弥陀仏」という称名に、阿弥陀仏のはたらきがそのまま衆生の念仏のはたらきとしてはたらいているのであり、それが信心である。そこでは、阿弥陀仏のはたらきと衆生のはたらきとは全く一つになっている。キェルケゴールにおいては、信仰は神の言葉を聞くことによって起こると言うことも出来るが、しかし、信仰は神のはたらきかけに対する人間の自由な決断を包含するのである。即ち信仰とは、神の呼びかけの言葉を聞いて決意をし、服従することである。その点、人間における神のはたらきはそのまま信仰であると言えない。神の呼びかけに対する人間の呼応、即ち人間の働きを必要とする。しかし、神の恵みなしには、信仰は不可能である。従って、信仰は神の賜物であると同時に人間の決断である。換言すれば信仰は、神のはたらきかけとそれに対する人間の自由な決断とが、人格的に呼応し合う「はたらき」である。それに対して、信心における阿弥陀仏のはたらきと衆生のはたらきは全く同一視されている。要するに、親鸞の思想における信心はあくまでも阿弥陀仏によって回向される信心であり、衆生の心に自然に生ずるものである。それに対してキェルケゴールの思想においては、神によって与えられる信仰には人間の側からの決断が要求される。更に、信仰は人間の意志的決断の面を含む限り、全存在をかけての冒険・危険であり、一度得られたら決して失われないというものではない。その意味で、神の賜物としての信仰は日々新たに人間の自由な決断によって得られなければならないのである。

最後に考えるべき点は、信心・信仰に伴う倫理的実践のことである。親鸞の思想においては、倫理的実践は信心からおのずから流出すると考えられている。即ち、信心において生ずる歓喜の心は、知らず知らずに道徳的生き方となって表われる。その意味で、親鸞の思想においては原理的・当為的に規定された倫理は存在しない。それに対して、キェルケゴールの思想における信仰と倫理的実践との関係は、信仰から倫理へという自然流露になる側面もあるが、模範としてのキリストは人間に厳しい当為を課すのである。即ち、信仰は模範としてのキリストと同時に生きることであるので、必然的に愛の実践に表われる。そして又、愛の実践は、「汝愛すべし」という義務の表現を取り、信仰の倫理は強く義務的・当為的性格を持つのである。

信心と信仰の間には、構造の上で幾つかの類似点が認められるが、それらの性格と内容に関しては、根本的な相違点があることも事実である。最も根本的な相違点は何であるかといえば、親鸞における信心はあくまでも他力回向の信心であり、自力の如何なるはからい・意志も入り込む余地がない。人間のはからいが脱却されたところに信心が成り立つのであり、信心においてはたらいているのは、ただ阿弥陀の本願力である。キェルケゴールの場合は、信仰は根源的に神の恩寵の賜物であるが、それを受け入れる人間の情熱的決意、自由な決断が必要とされ、主体性の面が強く打ち出されている。

以上の検討から明らかなように、信心と信仰には類似の構造が見られるが、それぞれ独自の宗教経験を指す根本的に異なった二つの概念であり、共通の本質を有するということにはならない。両者の間に見出される総体的共通点は、ヴィトゲンシュタインの説いたような「家族的類似」だと言うことが出来る。序章に指摘したように、異なった宗教の信念体系は、同じような経験が様々に違った形で表現されたものではない。親鸞とキェルケゴールの比較の場合、信心と信仰とは、同一の普遍的経験が異なった現われ方をしたものではない。親鸞の信心とキェルケゴールの信仰という概念は、生の目的についてそれぞれ独自の教えを語っており、それによって異なった種類の経験・気質が育まれていると考えられる。別の言い方をするなら、信心を獲得することは、浄土真宗の伝統的な文化世界に触れ、その視座から一切を見るということである。同様に、キェルケゴールの信仰を持つということは、イエスの物語をはじめとするキリスト教の言語を習い、その言葉を通して自らの生きる道、この世界を解釈する方法を身に付けることなのである。この意味において、信心と信仰という二つの概念は、本質的に異なった宗教的経験を指しているのである。信仰という概念では信心の経験を十分に表わすことが出来ないし、また信心という概念でもキリスト教の信仰経験を十分に表わし得ない。

第二節　宗教の異なる本質と共有し得る地球的倫理

もし信心と信仰の間に通底する特性があることを否定するならば、浄土真宗とキリスト教の比較研究や両宗教間対話は「無意味な企て」になってしまうのではないか、と反論する人もいるであろう[1]。実際に宗教間対話や相互理解は、全ての宗教に共有する何らかの共通の基盤や本質を設定することが要請されると主張している宗教学者は少なくない[2]。しかし、こういう共通の基盤はどこにあるのであろうか。全ての宗教を超える何か永続的非歴史的な根底または枠組が存在すると仮定し得るのだろうか。これについて、ゴードン・D・カウフマンは次のように述べている。

ある人々は「普遍的な人間」の立場だと主張している場所へ移ることによって、私達の伝統的偏狭さを克服するよう試みるべきだと言う。その立場とは、人々やその宗教のあらゆる「偶然的」、「歴史的」相違のもとに浸透しており、私達すべてが共有する「本質的同一性」だと考えられている。そこで、あらゆる人間の基礎にあるこういう深い一致を基準として、いくつかの偉大な宗教伝統が直面させる相違を理解し、切り抜けることができる。しかし、私達にえられるような普遍的な人間の立場というものは現実に存在しない。私達が明らかにするあらゆる宗教的（または世俗的）理解や生き方は特別なものである。それらは、特別な歴史において成長し、特別な主張を行い、特別の態度と命令を伴い、このゆえに他のすべての特別な宗教や世俗の態度から区別されようとする。（中略）人間の理解や人生の態度の普遍的な枠組が私達にえられないのは、普遍的言語がえられないのと同じである。[3]

こうした見解は、各宗教の内部の主張真理を批判的に評価するための（宗教の多様性を超える真理の）普遍的な基準がないことを示唆している。もし普遍的な基準が存在しなければ、如何に諸宗教の相矛盾する主張真理を評価出来るのか。普遍的な基準の欠如は相対主義に通じるのではなかろうか。

相対主義は、合理性の本性を巡る現代思想に通底する論争の中心的な問題の一つであり、しばしば客観主義ないし基礎付け主義と対比して検討される。[4] リチャード・J・バーンスタインはこの問題について洞察に満ちた総合的見解を提示している。彼によれば、客観主義ないし基礎付け主義と相対主義との対立は、殆どの全ての学問でなされてきた論争に通底する問題である。客観主義と相対主義という対立の根源には「デカルト的不安」、即ち「われわれの存在の支柱とか、われわれの知識の確固たる基礎とかいったものが存在するか、それとも狂気や知的ないし道徳的な混乱によってわれわれを包み込んでしまう暗闇の力から逃げることができないのか」という潜在的不安を、バーンスタインは指摘する。(5) 彼は現代思想における客観主義と相対主義に関する論争の包括的概観を提示し、客観主義と相対主義を超える合理性の輪郭を描き出そうとする。以下にその主要な論点を簡潔にまとめ、そこから得られる宗教比較及び諸宗教間対話への示唆を探りたい。バーンスタインは客観主義を次のように定義する。

「客観主義」というのは、不変にして非歴史的な母型ないし準拠枠といったものが存在し（あるいは存在せねばならず）、それを究極的なよりどころにして、合理性・知識・実在・善・主義などの本性を決定することができるとする、そうした基本的な確信のことである。（中略）それゆえ客観主義は、アルキメデスの点を探究する基礎付け主義と密接に関連している。哲学・知識・言語などを厳密なしかたで根拠づけることができなければ、極端な懐疑論をさけることができない、このように客観主義者は主張する。(6)

客観主義には様々な形態があるが、共通の特徴は確固たる基礎を求めることにあり、形而上学的実在論はその最も主要な形態である。形而上学的実存論とは、我々とは独立に存在する客観的実在の世界が存在し、主観が外に存在する客観的実在を正確に表象する際に、認識が達成されるという主張である。特に影響を及ぼした客観主義ないし基礎付け主義の有力な形態はカントと彼が創始した超越論的哲学に見出される。超越論的哲学は、全ての人間に共通する経験や知識を可能にする必然的な条件を明らかにしようとし、その超越論的制約が人間の認識の普遍的且つ超歴史的構造であると力説する。それと同時に知識を根拠付けるためには、物自体という非歴史的で不変な母型を前提にする。この意味で「カントは、彼が批判していた経験論者や合理論者に劣らず、客観主義的であり基礎付け主義的である」とバーンスタインは論じる。(7) 超越論的哲学の根本的な問題は、（そこでは人間の認識においてアプリオリな普遍的且つ必然的構造が前提されるのであるが）、その構造自体が常に特定の文化や伝統に相対的なもので特定の解釈の枠組みの中でしか認められないということである。認識の構造や真理の基準が普遍的であると言われるのは、特定の伝統がそのように規定するからである。

真理の普遍的基準を援用し知識の合理的基礎を追求しようとする試みは現代の多くの思想家によって強く批判されている。リチャード・ローティは基礎付け主義的な認識論に対して歯に衣着せることなき批判者となった。彼は「知識の資格請求に裁決を下すための共通基盤として働く基礎」は存在しないと論じ、「知識や道徳や言語や社会の基礎を探究するということは、単なる護教論、すなわち現代のある種の言語ゲーム、社会的実践あるいは自己イメージを永遠化しようとする試みにすぎないだろうということである」と主張する。[8] 全ての文化に共通する恒久的で中立的な枠組みは存在しないから、「真理とか知識というものはただわれわれの時代の探究の基準に照らしてそう判断されうるものにすぎない」のであり、「『永遠の基準に照らして』行われるものではない」とローティは指摘する。[9]

やや異なった立場からではあるが、社会科学の方法論を巡る議論は知識と信念の相対性を強調することとなった。例えばピーター・ウィンチは理論的図式と社会生活の様式との間に論理的懸隔があると力説する。各理論的図式や社会の生活形式は特定合理性の基準を持つが故に、特定の生活形式や文化はそれぞれの内部の基準に照らして評価される。

論理という基準は神からのたまものなどではなく、生活の仕方、つまり社会生活の様式から生じ、またそれとの関連においてのみ理解し得るものなのである。従って、論理という基準は社会生活の諸様式にそのまま適用されるわけにはいかない。たとえば、科学はこうした様式の一つであり、宗教はまた別の様式である。そして、それぞれはそれ自体に固有な理解の基準をもっているのである。それゆえ、科学や宗教の内では、行為は論理的でも非論理的でもあり得る。たとえば科学においては、適正に行われた実験の結果に拘束されるのを否定することは非論理的だろうし、宗教において、自己の力を神のそれと対抗させ得ると考えることは非論理的だろう、等々である。[10]

こうした見解は相対主義を伴うものであろう。相対主義とは「合理性・真理・実在・正義・善・規範」という概念は、究極のところ「特定の概念図式・理論的な準拠・パラダイム・生活形式・社会・文化などに相対的なもの」とする確信である。[11] もし合理性と真理の普遍的な基準が存在しなければ、我々が共約不可能な概念図式や生活形式などに直面するようになり、異なる文化や伝承の理解は不可能になるではないか。P・ファイヤアーベントとT・クーンにおける共約不可能性を検討するに当たって、バーンスタインは、共約のための単一で普遍的な枠組みが存在しなくとも異なる文化的伝統や社会生活の様式は比較し評価され得ると論じ「共約不可能性というテーゼの核心は、自足的な枠組みの中に閉じこもる閉鎖性ということではなく、経験・言語・理解の解放性ということである」と主張する。[12] クーンやファイヤアーベントの理論の根底に横たわるのは次の確信であると彼は述べる。

共約不可能なパラダイム・生活形式・伝統などがさまざまに存在するということを、われわれは理解しうるのであり、また、われわれの言語ゲームに深く根づいているために、視野の限界が十分に自覚されないような、われわれ自身の信念・カテゴリー・分類法などを押しつけることなしに、共約不可能なパラダイム・生活形式・伝統などを理解しうるのである。さらに、多数の細心な比較と対比のプロセスを通じて、われわれは、自己の研究対象である異他的な現象を理解できるようになるだけではなく、われわれ自身を理解できるようになるのである。理解やコミュニケーションにおける、こうした開放性という論点は、自然科学の発展についての議論を超えているけれども、しかしあらゆる理解にとって根本的な論点である[13]。

共約不可能性に関するこうした見解は、異なる文化的な枠組みや諸社会生活の様式を評価するための真理の単一普遍的基準が存在しなくても異文化の理解は成立し得ることを明らかにしている。異文化は理解出来ないほど異他的現象ではない。実際に異文化間の理解や翻訳などは常に成立している。異文化や異質な伝承に関する解釈と理解は我々がそれぞれの言語の枠組みに呪縛されていないことを示している。これについて、ガダマーは次のように述べている。

生活の場である自分の言語世界は、自体存在の認識を妨げる囲いではなく、原理的にはわれわれの洞察がそれに向かって拡大し、高まりうるすべてを包括している。たしかに、ある言語的、文化的伝統のなかで育った者は、他の伝統に所属する者とは異なった世界の見方をする。たしかに歴史の経過の中で継起する諸々の歴史的「世界」は、相互に、そして今日の世界とは異なっている。にもかかわらず、どのような伝統のなかであれ、そこに現われるのは、一つの人間的な、すなわち言語で構成された世界である。言語で構成されることによって、そのような世界はいずれも、どのような洞察に対しても、そして同時に、それ自身の世界像のあらゆる拡大に対しても、自ら阻げるところなく、それにともない、他の世界にも到達可能である[14]。

ガダマーにとって人間の世界経験が言語的であることは、異質の伝承と文化とのコミュニケーションや対話の不断の可能性という基盤となる。何故なら、「言語は本質的には対話の言語だからである」[15]。自己の言語的枠組みを放棄せずとも相互理解は常に可能である。個人は常に他人と理解し合っているのと同様に、ひとつの文化を取り囲んでいる閉ざされた地平は「一個の抽象にすぎない。ひとつの立場に絶対的に拘束されることはなく、それ故に、決して本当に閉じた地平を持つこともない、ということが人間存在の歴史性の本質である」とガダマーは論じる[16]。異質の伝承と文化の地平は本質的には言語的であり開かれているのであるから、自己の言語や経験と我々が理解しようとする異他的現象との間には親和性がある。ガダマーはこう書いている。

われわれの歴史意識が歴史的地平のなかに身を置き換えるといっても、それはわれわれ自身の世界となんの関係もない見知らぬ世界のなかに行ってしまうことを意味するのではない。われわれの世界と異質な世界とはひとつになって、内側から動く大きな地平を作り出しており、この地平は現前しているものの境界を超えて、われわれの自己意識の歴史的深みを包み込んでいる。従って実際には、ただひとつの地平があるだけであって、それが、歴史意識が自分のうちにもっているものすべてを包み込んでいるのである[17]。

我々は常に特定の歴史的な状況や文化的な地平に根拠付けられているが、他人の境遇に自己を置き換えることが出来、他の人の個別性を理解し得る。これを可能にするのは、文化的な地平とは静止的なものではなく、「われわれがそこへと歩み入り、われわれとともに動くものである」からである[18]。ガダマーによれば他の人の境遇を理解することは「地平の融合」を必要とするのであり、それによって「自分の個別性ばかりではなく、他のひとの個別性をも克服して、自分をより高次の普遍性」に到達することが出来る[19]。

歴史意識や言語の開放性に関するガダマーの見解は客観主義と相対主義を巡る争いを克服するために示唆に富むものである。知識や信念を根拠付ける恒久的で客観的な基盤が存在しないことは、異なる文化的な枠組みはお互いに依存せずに孤立していることを意味するのではない。人間は本質的に対話的な存在であるから、人間の世界を特徴付ける多様性は、単一真理の基準に照らして評価することによってではなく、対話や会話を通して解決され得るのである。ガダマーに従って、バーンスタインは「客観主義と相対主義を超えていく運動が、たんに理論的な問題ではなく、実践的な課題」であり、それは我々の日常的実践の中で具体的に実現されるような「対話的共同体を養成するという目標へわれわれを導いている」と論じている[20]。こうした運動が実現されるのは、「われわれが、対話的共同体のなかにその基礎をもつ、連帯・参加・相互承認を育てるという実践的課題に邁進する場合のみである[21]」。人間存在の対話的性格やコミュニケーションによる問題解決の対話的性格を力説しつつ、マルクスの言葉を引用して、「人は真理を実践に〔おいて〕立証しなければならない」と、バーンスタインは結論付ける。[22]

客観主義と相対主義に関する以上の論争は諸宗教間対話に通じる有益な示唆を与えている。まず何故諸宗教に共有される共通の本質や基盤を設定するのは不可能であるのか明確にする。そして各宗教的伝統の真理主張を評価するための永続的非歴史的な真理の基準はないが故に、異なる宗教的伝統は究極的に通約不可能な枠組みを反映している。しかしこれは各宗教がそれぞれの枠組みに閉じこもるような相対主義に必然的に通じる訳ではない。諸宗教間の通約不可能性には理論的橋渡しが存在しないが、コミュニケーションと対話の実践そのものにおいて共有される共通のアプローチが見出され、諸宗教の相互理解に到達することが出来ると思われる。結局のところ、宗教間の対話や相互理解は、理論的な苦境ではなく、実践的な課題である。この論争に潜んでいる実践的道徳的な関心が、キリスト教における諸宗教神学の理論にも浸透している。

カウフマンは理論的には諸宗教に通底する共通基盤が存在しないが、諸宗教の相矛盾する主張真理は、実用主義的基準によって評価することが出来ると論じている。彼によれば宗教的信念の多元性は、全ての宗教が共有するものとして、人間存在を中心とするより公正な世界秩序をいかに構成するかという観点から取り扱われるべきである。人間存在の人間化と呼ばれているこの基準は、異なる宗教的主張を評価し比較するための基盤となる。カウフマンは、諸宗教において人間存在について広範囲の異なった見解があることを認めるが、各宗教の人間存在についての見解は単なる啓示や宗教権威に基づいて主張すべきではなく、現代世界の具体的状況において如何に人間の幸福を推し進め、解放の推進に導くかによって示すべきだと強調する。[23] 従って、諸宗教に通底する本質が理論上は存在しなくとも、共有し得る共通のアプローチまたは共通の文脈があるので、諸宗教間対話や相互理解を成立させることは可能であると考える。

他宗教と対話する理由は、それぞれの宗教に属している人々が共通の宗教性に参入することではない。寧ろ、人々の共通の人間性が対話のための必要にして十分な基礎なのである。[24] ハンス・キュングというカトリック神学者は、共通の人間性は対話のための基礎であるのみならず、「地球倫理」を形成する根本基準であると強調している。彼は次のように考える。「人間的なもの、真に人間的であること、具体的には、人間の尊厳とそれに一致する根本的な諸価値に基づく、万人に共通な人間性に訴えるような普遍的倫理的根本基準を形成することができるはずではないか[25]」。地球倫理とは一切の宗教を超える一つに統合された地球宗教や一切の宗教の混合を意味しているのではない。また個々の諸宗教の高い倫理を倫理の最低限主義で置き換えようともしていない。ユダヤ人のトーラ、キリスト教徒の山上の垂訓、イスラム教のコーラン、ヒンドゥー教の『バガヴァッドギーター』、仏陀の説法などは多くの人々にとって既に信仰や生活、思考や行動の基礎となっている。それでは一体何が地球倫理なのか。それは、世界の諸宗教が人間の行為や道徳的価値や基本的な道徳的信念の違いを超えて、現代世界が直面している貧富の格差、貧困、飢餓、民族紛争、環境破壊等という未解決な問題に対する諸宗教間の根本的意見の一致、それに従って行動することを意味している。このような重大な問題に対する地球倫理がなければ、より良い世界秩序はあり得ない。地球倫理という理念は、次の基本的考え方に従っている。「宗教間の平和なくしては、国家間の平和はない。宗教間の平和は、宗教間の対話なくしては生まれ得ない[26]」。即ち諸宗教は共通の本質や基盤を共有しないが、現代世界における貧困や抑圧を共通の問題と認めており、正義を推進し、平和と調和の新しい世界を建設しようとする共通の関心や責任を分かち合うことができると考えられる。これは、宗教間対話や相互理解のための入り口として最も実りある点である。現代世界が直面している重大な問題を解決するために、異なる宗教がお互いに語りかけ、相互に相手から学ぼうとすることは、今や必要になっているのである。

しかしこのような共同作業は、一つの判断基準に基づくのではなく、諸宗教のそれぞれの独自な信念体系、独自の教理によって理解され行われるのである。同じ根拠の上に立たなくても、諸宗教はそれぞれの独自性を保ちつつ、共通の問題を解決するための共同作業によって触れ合う場が成立するのである。こうした立場から、それぞれの宗教に特有な経験や信念体系を、そのまま肯定的に認めることができる。同時に、自分の宗教を尺度にして他の宗教を解釈する危険も避けられる。諸宗教のそれぞれ独自な立場を認め合い尊重することで、真の対話と相互理解が始まるであろう。

〈注〉

（1）Takeda, "Shinran's View of Faith," 28.

（2）Hick, *An Interpretation of Religion*; Smith, *Faith and Belief*; Paul Knitter, *No Other Name? A Critical Survey of Christian Attitudes Toward the World Religions* (London: SCM Press 1985).

（3）Gordon D. Kaufman, "Religious Diversity, Historical Consciousness, and Christian Theology," in *The Myth of Christian Uniqueness* ed. John Hick and Paul Knitter (London: SCM Press, 1987), 5.（八木誠一・樋口恵訳）「宗教の多様性と歴史認識とキリスト教神学」（『キリスト教の絶対性を超えて』春秋社、一九九三年、所収）、一八～一九頁。

（4）相対主義と合理性をめぐる詳細な考察に関して、次書を参照。Martin Hollis and Steven Lukes, eds., *Rationality and Relativism* (Oxford: Basil Blackwell, 1982). D. Z. Phillips, *Faith After Foundationalism* (Oxford: Westview Press, 1995).

（5）Richard J. Bernstein, *Beyond Objectivism and Relativism: Science, Hermeneutics, and Praxis* (Oxford: Basil Blackwell, 1983), 18.（丸山高司［他］訳）『科学・解釈学・実践――客観主義と相対主義を超えて』岩波書店、一九九〇年、三六頁。以下（　）の中に日本語版の参照頁を記す。

（6）Ibid., 8.（一七頁）

（7）Ibid., 9-10.（二〇～二一頁）

（8）Richard Rorty, *Philosophy and the Mirror of Nature* (Oxford: Basil Blackwell, 1980), 9-10, 317.（伊藤春樹［他］訳）『哲学と自然の鏡』産業図書、一九九三年、二八、三六九頁。以下（　）の中に日本語版の参照頁を記す。

（9）Ibid., 178, 179.（一九四、一九五頁）

（10）Winck, *The idea of Social Science*, 100.『社会科学の理念』、一二四頁。

（11）Bernstein, *Beyond Objectivism and Relativism*, 8.（一七頁）

（12）Ibid., 108.（一三〇頁）

（13）Ibid., 91-92.（一八八頁）

（14） H・G・ガダマー（轡田収［他］訳）『真理と方法』第3巻、法政大学出版局、二〇一二年、七七三頁。
（15） 同書、七七二頁。
（16） 『真理と方法』第2巻、法政大学出版局、二〇〇八年、四七六頁。
（17） 同書、四七六〜四七七頁。
（18） 同書、四七六頁。
（19） 同書、四七七頁。
（20） Bernstein, *Beyond Objectivism and Relativism*, 223, 230.（四六二、四七三頁）
（21） Ibid., 231.（四七五頁）
（22） Ibid., 230.（四七四頁）
（23） Gordon D. Kaufman, *The Theological Imagination : Constructing the Concept of God*（Philadelphia : The Westminster Press, 1981）, 199–200.
（24） John Cobb, *Beyond Dialogue : Toward a Mutual Transformation of Christianity and Buddhism*（Philadelphia : Fortress Press, 1982）, 39.
（25） Hans Küng, *Global Responsibility : In Search of a New World Ethic*（London : SCM Press, 1991）, 90.
（26） Ibid., 105.

参考文献

Ⅰ　親鸞著作全集

――『教行信証』(『定本親鸞聖人全集』第1巻、法蔵館、一九七七年)。

――『正像末和讃』(『定本親鸞聖人全集』第2巻、法蔵館、一九七八年)。

――『浄土和讃』(『定本親鸞聖人全集』第2巻、法蔵館、一九七八年)。

――『恵信尼書簡』(『定本親鸞聖人全集』第3巻、法蔵館、一九七七年)。

――『尊号銘文』(『定本親鸞聖人全集』第3巻　法蔵館、一九七七年)。

――『唯信鈔文意』(『定本親鸞聖人全集』第3巻、法蔵館、一九七七年)。

――『末燈鈔』(『定本親鸞聖人全集』第3巻、法蔵館、一九七七年)。

――『一念多念文意』(『定本親鸞聖人全集』第3巻、法蔵館、一九七七年)。

――『親鸞夢記』(『定本親鸞聖人全集』第4巻、法蔵館、一九八四年)。

――『歎異抄』(『定本親鸞聖人全集』第4巻、法蔵館、一九八四年)。

――『三骨一廟』(『定本親鸞聖人全集』第6巻、法蔵館、一九八六年)。

Ⅱ　親鸞に関する文献

A　日本語文献

赤松俊秀『親鸞』吉川弘文館、一九七二年。

――『鎌倉仏教の研究』平楽寺書店、一九七三年。

阿部正雄「現代における『信』の問題」(日本仏教会編『仏教における信の問題』平楽寺書店、一九六三年、所収。

家永三郎『中世仏教思想史研究』法蔵館、一九六六年。

石田慶和『親鸞の思想』法蔵館、一九八一年。

稲葉秀賢「親鸞聖人の業思想」（『親鸞大系』思想篇、第11巻、法蔵館、一九九〇年、所収）。

上田義文『仏教における業の思想』あそか書林、一九六六年。

―――『親鸞の思想構造』春秋社、一九九三年。

岡亮二「『教行信証』序説――親鸞の『信』の構造」（『真宗学』第75・76号、一九八七年、所収）。

小野蓮明「本願の行信」（『真宗研究』第41輯、一九九七年、所収）。

香川孝雄「浄土経典における信の問題」（『印度学仏教学研究』第16巻2号、一九六八年、所収）。

加藤周一『日本文化史序説』上巻、平凡社、一九七九年。

加藤智見『親鸞とルター――信仰の宗教的考察』早稲田大学出版部、一九八七年。

鎌田茂雄、田中久夫校注『鎌倉旧仏教』（『日本思想大系15』岩波書店、一九七一年）。

桐溪順忍「大行論の一考察」（『親鸞大系』思想篇、第8巻、法蔵館、一九八八年、所収）。

―――「信仰生活の論理」（『親鸞大系』思想篇、第12巻、法蔵館、一九九〇年、所収）。

佐々木現順「信仰を意味する諸原語」（『親鸞大系』思想篇、第6巻、法蔵館、一九八八年、所収）。

下田正弘「経典を創出する――大乗世界の出現」（桂紹隆［ほか］編『大乗仏教の誕生』春秋社、二〇一一年、所収）。

信樂峻麿『浄土教における信の研究』永田文昌堂、一九七五年。

―――『親鸞における信の研究』上巻・下巻、永田文昌堂、一九九〇年。

鈴木大拙「浄土論」（『親鸞大系』思想編、第1巻、法蔵館、一九八八年、所収）。

曽我量深『曽我量深選集』第9巻、彌生書房、一九七〇年。

―――『曽我量深選集』第2巻、彌生書房、一九七〇年。

―――『曽我量深選集』第6巻、彌生書房、一九七六年。

武内義範、石田慶和『浄土仏教の思想――親鸞』第9巻、講談社、一九九一年。

田中教照「親鸞における悪の自覚」（仏教思想研究会編『仏教思想』第2巻、平楽寺書店、一九七六年、所収）。

田村圓澄『日本仏教史』第3巻、法蔵館、一九八三年。

千輪慧「親鸞における「悪」について」（『武蔵野女子大学紀要』1号、一九六六年、所収）。

津田左右吉『文学に現はれたる国民思想の研究』全集第4巻、岩波書店、一九六三年。

遠山諦虔『信と時――親鸞における時の問題』芦書房、一九七二年。

中村元「『信』の基本的意義」(仏教思想研究会編『仏教思想』第11巻、平楽寺書店、一九九二年、所収)。

――『東西文化の交流』選集第9巻、春秋社、一九九二年。

南山宗教文化研究所編『浄土教とキリスト教』春秋社、一九九〇年。

西谷啓治『西谷啓治著作集』第18巻、創文社、一九九〇年。

仁戸田六三郎「悪人正機に関する私見」(『親鸞大系』思想篇、第11巻、法藏館、一九九〇年、所収)。

早島鏡正『悪人正機の教え』筑摩書房、一九六七年。

尾藤正英「日本における歴史意識の発展」(『岩波講座日本歴史』22別巻(1)、岩波書店、一九七三年、所収)。

平川彰『初期大乗仏教の研究』著作集第3巻、春秋社、一九八九年。

――『初期大乗仏教の研究』著作集第4巻、春秋社、一九九〇年。

福間光超「鎌倉期における末法思想について――とくに親鸞を中心に」(『仏教史研究』13号、一九八〇年、所収)。

普賢大円「最近の往生思想をめぐりて」(『親鸞大系』思想篇、第10巻、法藏館、一九八九年、所収)。

藤田宏達「信の形態」(『親鸞大系』思想篇、第6巻　信I、法藏館、一九八八年、所収)。

――「原始仏教における信」(仏教思想研究会編『仏教思想』11巻、平楽寺書店、一九九二年、所収)。

峰島旭雄編著『浄土教とキリスト教』山喜房仏書林、一九七七年。

星野元豊『講解教行信証』証の巻、真仏の巻、法藏館、一九九四年。

松野純孝『親鸞――その生涯と思想の展開過程』三省堂、一九七六年。

――『親鸞――その行動と思想』評論社、一九七一年。

三木清『三木清全集』第18巻、岩波書店、一九六八年。

神子上恵龍『真宗学の根本問題』永田文昌堂、一九六二年。

宮地廓慧「上田義文博士の親鸞の『往生』の思想批判」(『親鸞大系』思想篇、第10巻、法藏館、一九八九年、所収)。

八木誠一『仏教とキリスト教の接点』法藏館、一九七五年。

安富信哉『親鸞と危機意識』文栄堂、一九九一年。

――「英訳『教行信証』の諸問題」(『大谷大学真宗総合研究紀要』4号、一九八六年、所収)。

安富信哉博士古稀記念論集刊行会編『仏教的伝統と人間の生——親鸞思想研究への視座』法蔵館、二〇一四年。

遊亀教授「念仏と実践」(『親鸞大系』思想篇、第12巻、法蔵館、一九九〇年、所収)。

K・バルト『教会教義学』第1巻、第2分冊、新教出版社、一九七六年。

B 外国語文献

Buri, Fritz. "The Concept of Grace in Paul, Shinran, and Luther." *The Eastern Buddhist* 9 (1976): 21-42.
Dutt, N. "The Place of Faith in Buddhism." *The Indian Historical Quarterly* 16 (1979): 639-646.
Gómez, Luis. "Shinran's Faith and the Sacred Name of Amida." *Monumenta Nipponica* 31 : 1 (Spring 1983): 73-84.
Kasulis, Thomas. Review of *Letters of Shinran : A Translation of Mattōshō*. Edited by Yoshifumi Ueda. *Philosophy East and West* 31 : 2 (April 1981): 246-248.
Keel Hee-Sung. *Understanding Shinran : A Dialogical Approach*. California : Asian Humanities Press, 1995.
Takeda, Ryusei. "Shinran's View of Faith." *The Ryukokudaigaku Ronshu* (November 1989): 2-30.
Ueda, Yoshifumi. "Response to Thomas P. Kasulis' Review of *Letters of Shinran*." *Philosophy East and West* 31 : 4 (October 1981): 507-511.
——— "Correspondence." *Monumenta Nipponica* 38 : 4 (Winter 1983): 413-417.
Van Bragt, Jan. "Buddhism—Jodo Shinshu—Christianity : Does Jodo Shinshu form a bridge between Buddhism and Christianity ?" *Japanese Religions* 18 (1993): 47-75.
Yasutomi, Shinya. "Shinran's Historical Consciousness." *Japanese Religions* 21, (1) (1996): 137-162.

III キェルケゴールの著作全集

セーレン・キェルケゴール『三つの建徳的講話』(若山玄芳訳『キルケゴールの講話・遺稿集』第2巻、新地書房、一九八一年)。

———『想定された機会における三つの講話』(豊福淳一訳『キルケゴールの講話・遺稿集』第4巻、新地書房、一九八三年)。

――『ヨハンネス・クリマクス　またはすべてのものが疑われねばらぬ』（北田勝己訳『キルケゴールの講話・遺稿集』第8巻、新地書房、一九八〇年）。

――『アドラー書』（原佑、飯島宗享訳『キルケゴールの講話・遺稿集』第9巻、新地書房、一九八二年。

――『これか―あれか』（渡邊裕子、近藤英彦、大谷長訳『キェルケゴール著作全集』第2巻、創言社、一九九五年。

――『不安の概念』（大谷長訳『キェルケゴール著作全集』第3巻下、創言社、二〇一〇年）。

――『人生行路の諸段階』（山木邦子・大谷長訳『キェルケゴール著作全集』第5巻、創言社、一九九七年）。

――『哲学的断片或いは一断片の哲学』（大谷長訳『キェルケゴール著作全集』第6巻、創言社、一九八九年）。

――『哲学的断片への結びの学問外れな後書』（大谷長訳『キェルケゴール著作全集』第6、7巻、創言社、一九八九年）。

――『愛の業』（尾崎和彦・佐藤幸治訳『キェルケゴール著作全集』第10巻、創言社、一九九一年）。

――『二つの倫理的―宗教的小＝論文』（大谷長訳『キェルケゴール著作全集』第12巻、創言社、一九九〇年）。

――『死にいたる病』（山下秀訳『キェルケゴール著作全集』第12巻、創言社、一九九〇年）。

――『キリスト教への修練』（山下秀智・國井哲義訳『キルケゴール著作全集』第13巻、創言社、二〇一一年）。

――『我が著作＝活動に対する視点』（大谷長訳『キェルケゴール著作全集』第14巻、創言社、一九九八年）。

――『自省のために、現代にすすむ』（國井哲義訳『キェルケゴール著作全集』第14巻、創言社、一九八八年）。

――『汝ら自ら審け！』（桝形公也訳『キェルケゴール著作全集』第14巻、創言社、一九八八年）。

Ⅳ　キェルケゴールに関する文献

A　日本語文献

阿部正雄「原罪と歴史――キルケゴールの場合」（『宗教研究』38巻183号、一九六五年、所収）。

大谷愛人『キルケゴール青年時代の研究』勁草書房、一九六八年。

尾崎和彦「キェルケゴールにおける自由と恩寵――同時性の場面をめぐって」（『明治大学教養論集』105号、一九七六年、所収）。

谷口龍男『キルケゴール研究』北樹出版、一九八八年。

武藤一雄『キェルケゴール——その思想と信仰』創文社、一九六七年。

A・リチャードソン（渡辺英俊、土戸清共訳）『新約聖書神学概論』日本基督教団出版部、一九六七年。

F・ブラント（北田勝己・多美訳）『キェルケゴールの生涯と作品』、法律文化社、一九九一年。

G・A・リンドベック（星川啓慈・山梨有希子訳）『教理の本質——ポストリベラル時代の宗教と神学』ヨルダン社、二〇〇三年。

G・E・レッシング（谷口郁夫訳）『理性とキリスト教——レッシング哲学・神学論文集』新地書房、一九八七年。

H・G・ガダマー（轡田収［他］訳）『真理と方法』第2巻、法政大学出版局、二〇〇八年。

H・G・ガダマー（轡田収［他］訳）『真理と方法』第3巻、法政大学出版局、二〇一二年。

J・ムールー「信仰における理性の役割」（『神学ダイジェスト』7号、一九六七年、所収）。

K・バルト（井上良雄訳）『和解論』Ⅱ／4下、新教出版社、一九七二年。

L・ヴィトゲンシュタイン「美学、心理学および宗教的信念についての講義と会話」（藤本隆志訳『ウィトゲンシュタイン全集』第10巻、大修館書店、一九七七年、所収）。

——（丘沢静也訳）『反哲学的断章——文化と価値』青土社、一九九九年。

M・ポラニー（長尾史郎訳）『個人的知識——脱批判哲学をめざして』ハーベスト社、一九八五年。

O・クルマン（前田護郎訳）『キリストと時——原始キリスト教の時間観及び歴史観』岩波書店、一九五四年。

P・ウィンチ（森川真規雄訳）『社会科学の理念』新曜社、一九六六年。

P・ガーディナー（橋本淳・平林孝裕訳）『キェルケゴール』教文館、一九九六年。

P・ティリッヒ（谷口美智雄訳）『組織神学』第2巻、新教出版社、一九六九年。

——（谷口美智雄訳）『信仰の本質と動態』新教出版社、一九六一年。

R・トムテイー『キェルケゴールの宗教哲学』北田勝己・多美訳、法律文化社、一九九〇年。

R・J・バーンスタイン（丸山高司［他］訳）『科学・解釈学・実践——客観主義と相対主義を超えて』岩波書店、一九九〇年。

R・ブルトマン『新約聖書神学Ⅱ』（川端純四郎訳『ブルトマン著作集』第4巻、新教出版社、一九八〇年）。

R・ローティ（伊藤春樹［他］訳）『哲学と自然の鏡』産業図書、一九九三年。

W・パネンベルク編著（大木英夫他訳）『歴史としての啓示』聖学院大学出版会、一九九四年。

――――（近藤勝彦・芳賀力訳）『組織神学の根本問題』日本基督教団出版局、一九八四年。

B　外国語文献

Adorno, Theodoro. "On Kierkegaard's Doctrine of Love." *Studies in Philosophy and Social Science* 8 (1939-40): 413-429.
Bernstein, Richard J. *Beyond Objectivism and Relativism : Science, Hermeneutics, and Praxis*. Oxford : Basil Blackwell, 1983.
Blanshard, Brand "Kierkegaard on Faith." *The Personalist* 49 (1968): 5-22.
Buber, Martin. *Between Man and Man*. London : Collins The Fontana Library, 1961.
Bultmann, Rudolf and Artur Weiser. *Faith*. London : Adam & Charles Black, 1961.
Clair, André. *Pseudonyme et Paradoxe : La Pensée Dialectique de Kierkegaard*. Paris : Librarie Philosophique, 1976.
Cobb, John. *Beyond Dialogue : Toward a Mutual Transformation of Christianity and Buddhism*. Philadelphia : Fortress Press, 1982.
Cullmann, Oscar. *Christ and Time : The Primitive Christian Conception of Time and History*. Philadelphia : Westminster Press, 1950.
Dooley, Mark. "The Politics of Exodus : Derrida, Kierkegaard, and Levinas on 'Hospitality'." In *International Kierkegaard Commentary*, vol. 16, edited by Robert L. Perkins, 167-192. Macon, Georgia : Mercer University Press, 1999.
――――*The Politics of Exodus : Kierkegaard's Ethics of Responsibility*. New York : Fordham University Press, 2001.
Edwards, Paul. "Kierkegaard and the 'Truth' of Christianity." *Philosophy* 46 (1971): 89-108.
Elrod, John. *Kierkegaard and Christendom*. Princeton : Princeton University Press, 1981.
Evans, Stephen. "Does Kierkegaard think Beliefs can be directly willed ?" *International Journal for Philosophy of Religion* 26 (1989): 173-184.
――――"Is Kierkegaard an Irrationalist ? Reason, Paradox and Faith." *Religious Studies* 25 (1989): 347-362.
――――*Faith Beyond Reason*. Edinburgh : Edinburgh University Press, 1998.

——— *Kierkegaard's Ethic of Love : Divine Commands and Moral Obligations*. Oxford : Oxford University Press, 2004.

Evans, Stephen. "The Relevance of Historical Evidence for Christian Faith : A Critique of a Kierkegaardian View," *Faith and Philosophy* 7 (1990): 470–484.

Emmanuel, Steven M. *Kierkegaard's Concept of Revelation*. Albany : State University of New York Press, 1996.

Fabro, Cornelio. "Faith and Reason in Kierkegaard's Dialect." In *A Kierkegaard Critique*, edited by Howard Johnson and Niels Thulstrup, 156–206. New York : Harper and Brothers, 1962.

Ferreira, Jamie. *Love's Grateful Striving : A Commentary on Kierkegaard's Works of Love*. Oxford : Oxford University Press, 2001.

Gardiner, Patrick. *Kierkegaard*. Oxford : Oxford University Press, 1988.

Garff, Joakim. *Søren Kierkegaard : A Biography*. Princeton : Princeton University Press, 2000.

Hannay, Alastair. *Kierkegaard*. London : Routledge and Keagan Paul, 1991.

Hick, John. *An Interpretation of Religion*. London : Macmillan Press, 1989.

Hollis, Martin and Steven Lukes, eds. *Rationality and Relativism*. Oxford : Basil Blackwell, 1982.

Holmer, Paul L. *The Grammar of Faith*. San Francisco : Harper & Row, 1978.

Katz, Steven T. "Language, Epistemology, and Mysticism." In *Mysticism and Philosophical Analysis*, edited by Steven T. Katz, 22–74. London : Sheldon Press, 1978.

Kaufman, Gordon D. "Religious Diversity, Historical Consciousness, and Christian Theology." In *The Myth of Christian Uniqueness*, edited by John Hick and Paul Knitter, 3–15. London : SCM Press, 1987.

——— *The Theological Imagination : Constructing the Concept of God*. Philadelphia : The Westminster Press, 1981.

Keeley, Louise Carroll. "Subjectivity and World in Works of Love." In *Foundations of Kierkegaard's Vision of Community*, edited by George B. Connell and C. Stephen Evans, 96–108. New Jersey : Humanities Press, 1992.

Knitter, Paul. *No Other Name ? A Critical Survey of Christian Attitudes Toward the World Religions*. London : SCM Press 1985.

Küng, Hans. *Global Responsibility : In Search of a New World Ethic*. London : SCM Press, 1991.

Leon-Dufor, Xavier. *Vocubulaire de Theologie Biblique*. Paris : Les Editions du Cerfe, 1962.

Lindbeck, George A. *The Nature of Doctrine : Religion and Theology in a Postliberal Age*. Philadelphia : Westminster Press, 1984.

Løgstrup, Knud Ejler. *The Ethical Demand*. Edited by Hans Fink and Alasdair MacIntyre. Notre Dame, Ind. : University of Notre Dame Press, 1997.

Malantschuk, Gregor. *Kierkegaard's Thought*. Edited and translated by Howard V. Hong and Edna H. Hong. Princenton : Princenton University Press, 1971.

Mercer, David E. *Kierkegaard's Living-Room : The Relation between Faith and History in Philosophical Fragments*. Montreal & Kingston : McGill-Queen's University Press, 2001.

Mouroux, Jean. "Presence de la Raison dans la Foi," *Sciences Ecclesiastiques* 18 (1965): 181–200.

Pascal, Blaise. *Pensées. Ouevres Complètes*. Presentation et Notes de Louis de la Fuma. Paris : Editions du Seuil, 1963.

Perkins, Robert L. "Buber and Kierkegaard : A Philosophic Encounter." In *Martin Buber : A Centenary Volume*, edited by Haim Gordon and Jochanan Bloch, 275–296. New Jersey : Ktav Publishing House, 1984.

Phillips, D. Z. *Faith After Foundationalism*. Oxford : Westview Press, 1995.

Pojman, Louis. *The Logic of Subjectivity : Kierkegaard's Philosophy of Religion*. Tuscaloosa : the University of Alabama Press, 1984.

Quinn, Philip. "The Divine Command Ethics in Kierkegaard's *Works of Love*." In *Faith, Freedom and Rationality*, edited by Jeff Jordan and Daniel Howard-Snyder, 29–44. Lanham, Md.: Rowman and Littlefield, 1996.

Ricoeur, Paul. "Kierkegaard et le Mal." In *Lectures 2. La Contrée des Philosophes*. Paris : Edition du Seuil 1992.

Richardson, Alan. *An Introduction to the Theology of the New Testament*. London : SCM Press, 1958.

Roberts, Robert. *Faith, Reason, and History*. Mercer University Press, 1986.

Rorty, Richard. *Philosophy and the Mirror of Nature*. Oxford : Basil Blackwell, 1980.

Sellars, Wilfrid. *Science, Perception and Reality*. London : Routledge & Kegan Paul, 1963.

Shakespeare, Steven. *Kierkegaard, Language and the Reality of God*. Aldershot : Ashgate, 2001.

Smith, Wilfred C. *The Meaning and End of Religion*. New York : Harper & Row 1978.

——— *Faith and Belief*. Princenton : Princenton University Press 1979.

Soe, N. H. "Kierkegaard's Doctrine of the Paradox." In *A Kierkegaard Critique*, edited by Howard Johnson and Niels Thulstrup, 206–227. New York : Harper and Brothers, 1962.

Thomas, J. Heywood. *Philosophy of Religion in Kierkegaard's Writings*. Lampeter : Edwin Mellen Press, 1994.

Tillich, Paul. *Dynamics of Faith*. New York : Harper & Row, 1957.

——— *Systematic Theology*. Vol. 2. Chicago : The University of Chicago Press, 1975.

Winch, Peter. *The Idea of a Social Science*. London : Routledge 1990.

Wittgenstein, Ludwig. *Lectures and Conversations on Aesthetics, Psycology & Religious Belief*. Oxford : Basil Blackwell, 1978.

——— *Culture and Value*. Edited by G. H. von Wright. Oxford : Blackwell Publishers, 1998.

Wisdo, David. "Kierkegaard on Belief, Faith and Explanation." *International Journal for Philosophy of Religion* 21 (1987): 95–114.

あとがき

今日の世界では、科学・技術が大きく進歩しながら、貧富格差や飢餓、地域紛争や環境破壊などが増大している。この重大な危機に直面して、人類が必要とするのは、平和的共存のための新たな価値観、ビジョンである。人間の生き方を根底から問い直さなければならない現代において、比較思想は、宗教・文化摩擦の回避や平和の実現に重要な寄与をなしうるものである。思想の比較は単なる思い付きではなく、時代の実践的要求なのであり、それは人類が生き続けるための、寛容と理解を可能にする。しかし、比較思想に伴う危険もある。洞察と知識を与えると、同時に誤りと歪曲をもたらしうるし、自分の利益或は自分自身の主義を立証するために用いられることもあり得るからである。これまでにも比較思想は、しばしば他の伝統の劣勢と自己の伝統の優位を示すために、用いられてきた。多様な価値観が存在する現代において、諸思想や諸文化・宗教のそれぞれ独自な立場を保持しながら、相互理解や対話を、どのような根拠の上に立って成立させるかを考えることを極めて重要な課題であると言えよう。

異文化・諸宗教の相互理解や対話の可能性を探る重要な糸口となると考えて、大谷大学では博士過程の研究テーマとして、仏教とキリスト教という全く異なった宗教的背景から出現した親鸞とキェルケゴールにおける信心・信仰の比較研究を試みた。両者の概念を客観的に比較しようとしたが、宗教的伝統や思想に通底する概念は同一基準では比較し得ないものであるから、それらを完全に客観視するのは不可能である。結局のところ自らの宗教的伝統や思考的枠組みの観点からしか他宗教の概念を解釈することは出来ない。中立的な立場からの他宗教理解は不可能であるため、比較研究するに当たり適切な情動的条件は、自らの宗教的伝統に対する確信を保持しながらも、同時に他宗教に対する前向きな理解を示すことである。こうした姿勢を以って親鸞とキェルケゴールにおける信心・信仰の比較考察に取り組んできた。

本書は、二〇〇三年一二月に大谷大学大学院文学研究科に提出した博士学位請求論文を加筆修正したものである。以前に公表した以下の論文は改変されて本書に組み込まれている。「信仰と歴史の問題――キェルケゴールの立場」『宗教研究』第三四四号、二〇〇五年、一～二四頁。「信仰行為における神の恩恵と人間の決断」『新キェルケゴール研究』第六号、二〇〇八年、二一～四〇頁。"Shinjin and Faith : A Comparison of Shinran and Kierkegaard." *The Eastern Buddhist* 38 (2007) : 180-202。「愛は義務になり得るのか――キェルケゴールのキリスト教倫理」『宗教研究』第三六二号、二〇〇九年、二二五～四七頁。改変転載をご許可頂いた関係各位に感謝したい。

本書を出版するに当たり、大谷大学教授小野蓮明先生と安富信哉先生の激励とご指導に衷心より感謝申し上げる。

また、ミネルヴァ書房編集部戸田隆之氏のご配慮とご尽力にも厚く御礼申し上げる次第である。

なお本書は、平成二十六年度南山大学学術叢書出版助成金を受けて、出版されたものである。

二〇一四年九月

スザ　ドミンゴス

索　引

あ　行

か　行

さ　行

た　行

な　行

は　行

ま　行

や・ら 行

欧　文

《著者紹介》

スザ ドミンゴス (Sousa Domingos)

1963年 ポルトガル生まれ
1996年 南山大学大学院文学研究科神学専攻博士前期課程修了
2004年 大谷大学大学院文学研究科真宗学専攻博士後期課程修了
現 在 南山大学人文学部准教授
専 攻 キリスト教神学，真宗学
論 文 「信仰と歴史の問題——キェルケゴールの立場」（『宗教研究』第344号，2005年）
「愛は義務になり得るのか——キェルケゴールのキリスト教倫理」（『宗教研究』第362号，2009年）
"*Shinjin* and Faith : A Comparison of Shinran and Kierkegaard"（*The Eastern Buddhist*, vol. 38, n. 1-2, 2007）
"Epistemic Probability and Existence of God : A Kierkegaardian Critique of Swinburne's Apologetic"（*The Heythrop Journal*, vol. 55, 2014）ほか多数。

親鸞とキェルケゴールにおける「信心」と「信仰」
——比較思想的考察——

2015年1月10日 初版第1刷発行 〈検印省略〉

定価はカバーに
表示しています

著 者 スザ ドミンゴス
発行者 杉 田 啓 三
印刷者 林 初 彦

発行所 株式会社 ミネルヴァ書房
607-8494 京都市山科区日ノ岡堤谷町1
電話代表 (075)581-5191
振替口座 01020-0-8076

太洋社・兼文堂

ISBN978-4-623-07219-4
Printed in Japan

鈴木祐丞著

キェルケゴールの信仰と哲学

――生と思想の全体像を問う

本書は、キェルケゴールの思想上の変化にとって大きな転換を刻む一八四八年の宗教的体験に関してこれまでの研究とは対照的な見解を提示することを通じて、実存的思想家としてキェルケゴール像を刷新しようとする野心的研究である。

Ａ５判・二七二頁・本体七〇〇〇円

蓑輪秀邦著

キェルケゴールと親鸞

――宗教的心理の伝達者たち

宗教的真理とは、一片の知識として人から人へ伝達されるものではなく、その人の生き方が変わるようなものでなければならない。そのような真理の伝達について、生涯をかけて探究した二人の宗教者の思索にせまる。

四六判・二四〇頁・本体三〇〇〇円